バレーボール芸人さとゆりの

ザノとバレーボールあるある

THE VOLLEYBALL ARUARU
by SATOYURI

はじめに

どうも！　春高バレー準優勝、バレー芸人のさとゆりです！　この度はバレーあるある本を手に取っていただき、ありがとうございます！

私は小学2年生からバレーボールを始め、大学4年生まで現役選手としてプレーし、その後2年間教員（バレー部顧問として春高バレー2回戦進出！）をしたのちに吉本興業所属の芸人になった変人です。

バレーを始めたきっかけは、同じマンションの友人がバレーボールを習い始めたので、仲間外れになりたくない一心で、私も同じチームに入りました。

当時から**背が高かった私はすぐに強豪チームにスカウト**されました。しかし、まったくうれしくなかったです。なぜなら、強豪チームの練習は週7回。土日は丸1日。平日は19～21時。そんなの、ドラえもんを見る時間じゃないか！

最初は行きたくないと言っていましたが、親があまりも勧めてくるので、一度練習に行きました。案の定とても厳しい練習で、もう二度と来るかと思いましたが、練習終わり監督に「明日も19時からな」と練習着を渡されました。「**これが大人のやり方か**」と思いました。

そこからバレー漬けの毎日の始まり始まり……。

イヤイヤ始めたバレーでしたが、メキメキと才能を発揮してエースになり、中・高・大までバレーの強豪校に進学できました。大学では体育の教員免許を取得。就職もバレーで母校に呼んでもらい、そのまま教員になりました。

順調にバレー人生を歩んでいたのですが、母校で指導をしているときに、「あれ？ なんで私、こんなに怒っているんだろう」と思うようになりました。現役時代に怒られて育ったため、『怒ることが正義』と思っていましたが、本来私はお笑いが好き。怒ることは好きではない。次第に矛盾を抱えるようになり、**「養成所に入れば芸人になれる」ということ知った私は、教員を辞めNSCに入学しました**。

しかし、NSC卒業と同時にコロナで緊急事態宣言が出され、家でもできることはないかと考えた結果、SNSにバレーあるあるネタを投稿するようになりました。ありがたいことにバズり始め、今ではSNS総フォロワー数31万人超えに!!

厳しい練習に明け暮れていた学生時代。何度もバレーを辞めようと思いましたが、**そんなときに私を支えてくれたのは「お笑い」でした**。部活は楽しいことだけではありません。試合に勝つために、厳しい練習を耐えなければならないのです。正直辛いことのほうが多いと思います。「**次は私が頑張る学生たちに元気を与えたい！**」そんな思いで今芸人をしています。

本書では、バレーボールに関わるたくさんのあるあるを詰め込みました。現役選手はもちろん、元バレー部、保護者、バレーファン、これからバレーを始める人、他の部活生、幅広い方々に楽しんでもらえる内容になっています。ぜひ本書でクスッと笑っていってください！

バレーボールのポジションと役割

野球やサッカーと同じで、バレーボールにもいくつかポジションがあんねんで！ ほんで、6人制のバレーボールでは「ローテーション」というルールもあってな、時計回りに位置を移動せなあかんねん。だから、ポジションは場所を示すんやなくて、役割を示すもんやと思ってたらええで！

OH アウトサイドヒッター

主に左右両サイドからスパイクを打つ選手。前衛の左側から攻撃することが多いので「レフト」とも呼ばれていた。サーブレシーブも求められる重要なポジション。

※石川祐希、高橋藍、古賀紗理那、石川真佑

MB ミドルブロッカー

サーブレシーブは行わないが、ブロックの中心になるポジション。コートの真ん中にいるため「センター」とも呼ばれていた。攻撃時は低いトスから素早くスパイクを打ち込むクイック攻撃を行う。

※小野寺太志、山内晶大、荒木彩花、山田二千華

S セッター

スパイカーが打ちやすいボールをセット（トス）するコート上の司令塔とも言われるポジション。相手チームの守備位置や味方の状況などを総合的に瞬時に判断する能力が求められる。

※関田誠大、深津旭弘、岩崎こよみ、関 菜々巳

OP オポジット

セッターの対角にいる攻撃専門のポジション。守備には入らず、スパイクを専門とするため、攻撃をし続ける体力や強いメンタルが必要。かつては「ライト」や「スーパーエース」と呼ばれていた。

※西田有志、宮浦健人

L リベロ

後衛でレシーブを専門とする守備に特化した選手。サーブやブロック、スパイクは打てないため、レシーブやトスでチームに貢献する。ボールを正確に上げるレシーブ力が求められる。

※山本智大、小川智大、小島満菜美、福留慧美

前衛
後衛
OP
MB
OH
OH
L
S
レフト
センター
ライト

CONTENTS

目次

Part 1

究極の #バレーあるある

バレー経験者、バレー部出身者なら一度は経験したことがあるであろうあるあるを厳選！　絶対的エース級のネタを集めました！

01

防球ネットを踏んだときの
滑りやすさエグい

ボールを追いかけて、ネットを踏むのはあるあるで、すぐにコートに戻らなければならないのだが、かなり滑るのでそこでこける人が多発している。まるで人間にかけられた罠である。

練習中、体育館の下の窓から監督が来たか確認する奴いる

体育館に来る前に絶対に監督（先生）が通るルートがある。チラチラと部員の誰かが常に確認していて、監督がきたらみんなに教えてくれる。この合図があってからが本当の部活の始まり。

03

「休み時間はうるさいのにコートの中では静かやねんな」と嫌味言われがち

学校の休み時間に恋バナなどで盛り上がっていると毎回言われる。休み時間くらい自由にさせてくれ。顧問の先生が近くにいないか確認しながら休み時間を過ごすようになる。

04

得点したときの喜び方の練習させられる

点をとって喜び具合が足りないと、やり直しをさせられる。「どんな1点でも1点には変わりないねんからちゃんと喜べ!」と言われる。毎回マンキン※で喜んでいたら、「そんなプレーでも喜べるんか」と怒られる。どうしたらええねん!

※お笑い用語で100%の力でやりきる、全力でやるといった意味。

05

なぜか「はい」じゃなくて「いいえ」で答えさせられる

「いいえ」と答えることが多いバレー部。説教にもリズムがあり、返事しないのも怒られるため、食い気味に返事をするが、だんだん話が入ってこなくなり、そのリズムのまま間違った返事をしてしまう。「いいえはい」という言葉が存在する。

06

ラスト一周と言われたら急にスピード上げる選手たち

「長く続くことがわかっているため、体力を温存している選手たち。「ラスト」と言われたら急にスピードアップ。あからさますぎて笑ってしまう。ラントレに限らず、レシーブ練習などでもそうである。」

07

言ってること聞き取れなくても とりあえず「はい」

「もう一度お願いします」と言うのも面倒なので、とりあえずその場を乗り切るために返事をする。シチュエーションと口の動きで、チームメイトと擦り合わせて、勝手に解釈しておく。

08

監督の話の聞き方
忍者みたいなヤツ

座っている監督に対しての話の聞き方は、目線を合わせなければならない。素早く片足を立膝にして話を聞く。その姿はまさに忍者である。全力疾走で向かうため、上手くストップできず、監督に激突する選手も少なくない。

09

レシーブ弾いたとき バスケゴールに入ったらうれしい

ミスしてるのに喜んじゃう。3点3点！とか言ったりもする。辛い練習中にテンションが上がる奇跡の瞬間である。ただし、監督の機嫌にはよく注意して喜ぶ必要がある。

10

9メートル往復ダッシュ ちゃんとライン踏まない奴いる

バレーコートは9メートル幅なので、9メートル往復ダッシュをしがち。秒数を競うのだが、チームに1人は毎回ラインを踏んでない奴がいて、真面目にやってる側からするとかなり腹立たしい。そういう奴は基本遅い。

11

下手な人が顔面レシーブをしてきれいにセッターに上がる

チャンスボールでさえ、普通にレシーブしても返らない選手。下手だからこそ避けきれず、顔面や足などに当たったりするが、そのときのほうがきれいにセッターに返る。「もうお前はずっと顔面でレシーブせぇ」と言われる。

12

ミスしてないのに「どんまい」と言われる

明らかに自分のミスではないのに、「どんまい」と声をかけられ、あたかも自分のミスかのように見せかけられることがある。みんなでこられると反論できずに、納得はいかないが、「ごめん」と言わざるを得ない。謎の悔しさ。

13

顧問が入ってきた瞬間
静まり返る寮の食堂

厳しい練習後の寮での食事は楽しい憩いの時間。あれだけ騒いでいたのに一瞬で静かになる。これは顧問もわかっているので気を使って入らなかったりする。顧問側も結構ショックではある。まぁ仕方ない。

14

ずっと声掛けしてくるコーチ
逆に集中できなくて困る

声かけてくれるのはありがたいのだが、静かにしてほしいときもある。特にサーブ前は静かにしてほしい。打つタイミングに合わせたかのように大声でくる。

15

真夏の教官室、涼しすぎてゆっくり退出するキャプテン

真夏の体育館は灼熱すぎてヘロヘロ。そんな中、教官室へ行くとクーラーガンガンで天国気分。普段ならいち早く退室したい場所だが、真夏に関しては少しでも長く居座ろうとしてしまう。キャプテンの帰りが遅い。

16

10段階で怪我の痛みを聞いてくる監督

「1が痛くない、10が一番痛いとしたらいまなんぼや？」と言われる。どれだけ痛くても10と答える人はなかなかいない。休ませてくれるのは5か7か、心理戦である。

17

サーブで
リベロ以外を狙おうとすると
なぜかリベロに吸い込まれる

サーブはリベロ以外に打ちたいのだが、そう思えば思うほど、なぜかリベロに打ってしまう。リベロの守備範囲が広いということもあるのだろうか。この現象に名前が欲しい。

18

サーブ前、ボールがつま先に当たってボール飛んでいきがち

サーブを打つ前にほとんどのプレイヤーは必ずボールを床につくのだが、そのときにつま先に当たると、飛んでいってしまうことがある。しかも明後日の方向に……。練習中ならともかく、試合となるとかなり恥ずかしい。

19

フローターサーブ打つときに
ジャンプフローター並みに
歩く選手おる

絶対にそんなに歩く必要ないのに、かなりの距離を歩いてフローターサーブを打つ選手がいる。それだけ助走してるならジャンプフローター打てや！　と思うが、人それぞれ。

20

サーブレシーブ「こい」と言うが 内心「くるな」と思ってる

サーブレシーブするときのかけ声は基本「こい」。大きい声でボールを呼ぶが、試合後半になるにつれ、ミスしたくない気持ちが強くなり、心の中では「くるな」と唱えている。

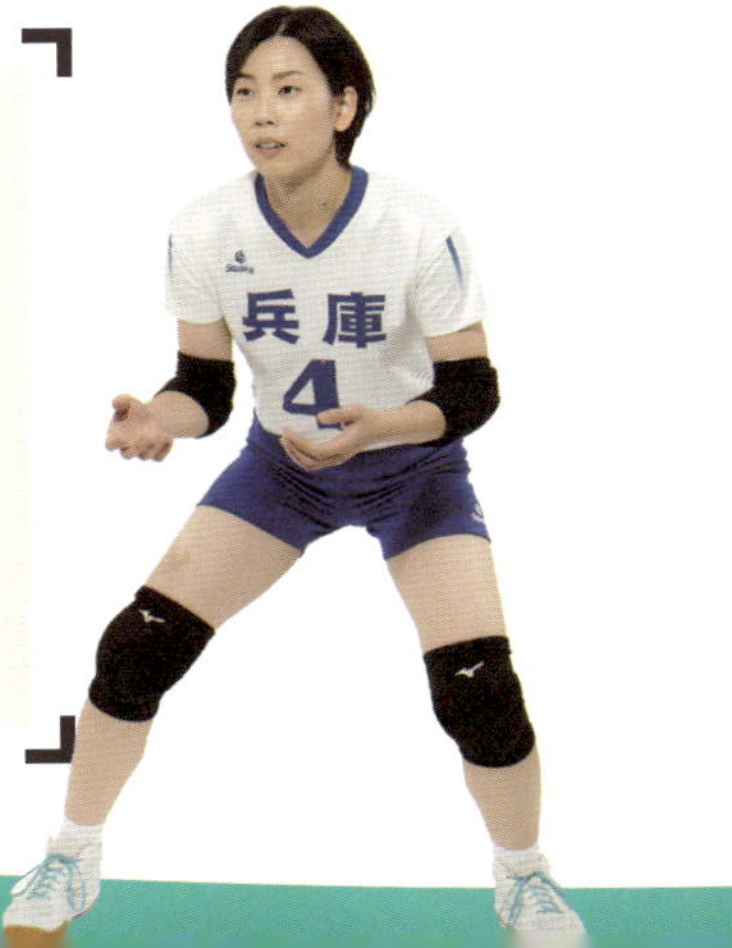

21

サーブやスパイク、オーバーでミスをしたとき手のひらを見がち

特に手を見る必要もないのだが、あたかも手のひらが悪かったかのように手のひらを見る。大した意味はない。天井の照明を見る、肩や足を痛めている風に抑えてみるなどのバリエーションも存在する。

22

練習でジャンプサーブを打つとき
ボールが飛んできてなかなか打てない

「サーブ練習のときはコートの両端に分かれて、双方から打ち合う形になる。ジャンプサーブでは助走が必要なため、サーブを打つタイミングをはかるのが難しい。1本も打てなくてサーブ練習の時間が終わるときもある。」

23

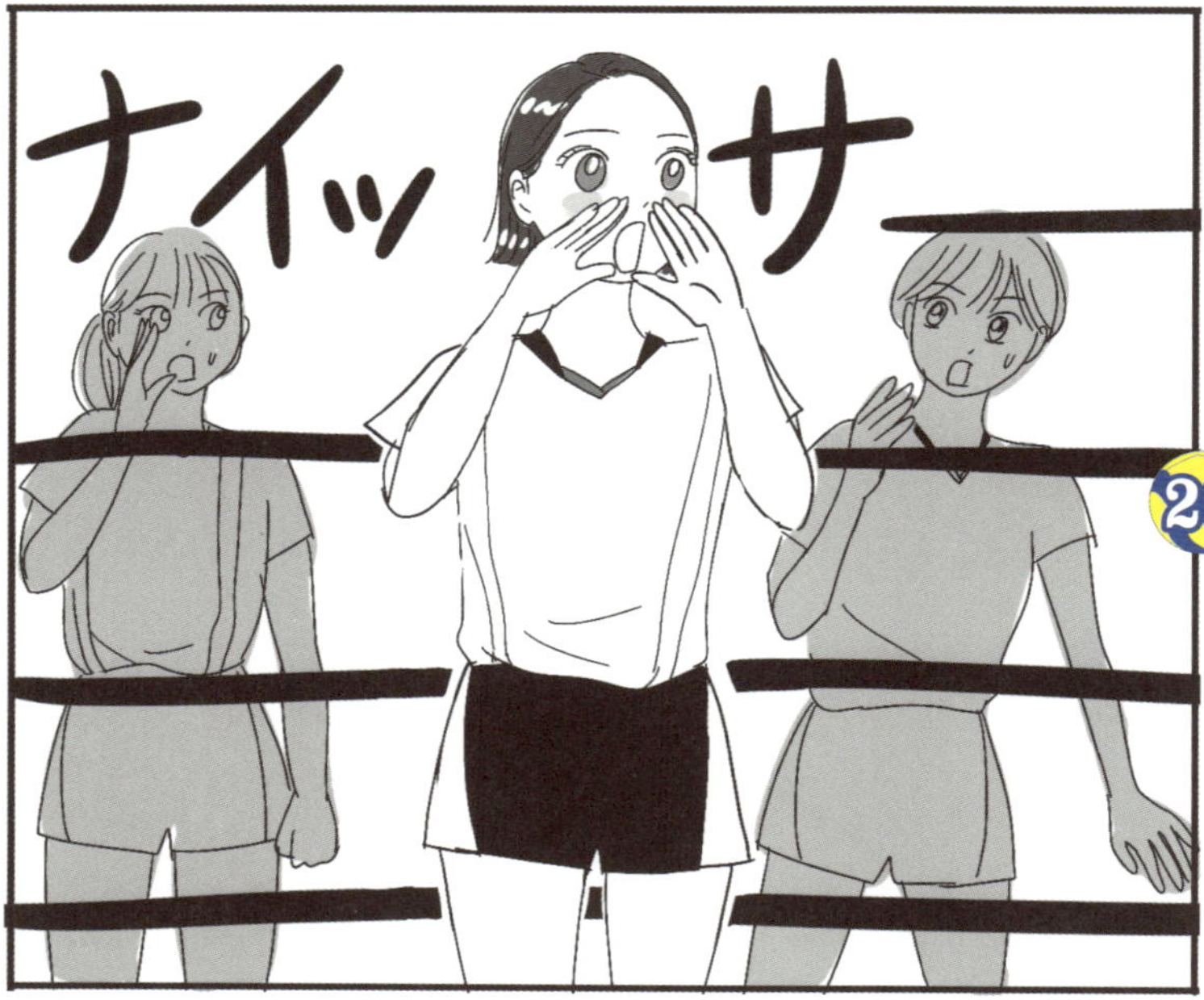

「ナイッサー」と言うとき
意味わからないくらい伸ばす奴

応援の気持ちが声の長さに現れる。しかしサーバーからすれば気が散るので、できれば相手サーブのときにやって欲しいと思っていたりする。声がでかい選手ほど伸ばしがち。

24

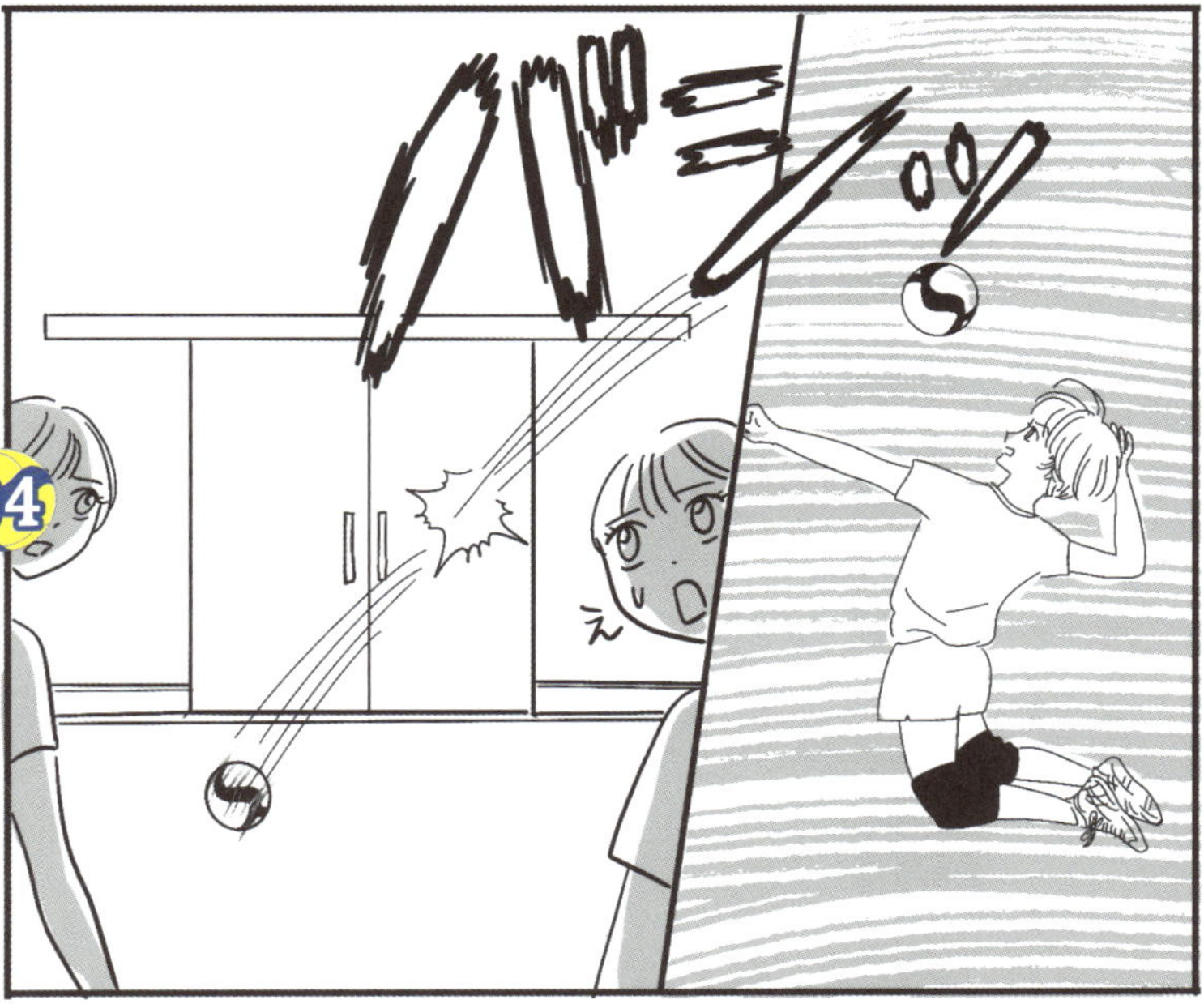

サービスエースを決めたあとほど
2本目壁までサーブ吹っ飛ばしがち

1本目でサービスエースを取り、自分が石川祐希や西田有志になったのではないかと錯覚して、２本目さらに思いっきり打った結果、起こる。「こいつ次絶対ミスるな」と側から見ていてわかるときもある。

25

ハイキュー見て入ってきた子 ジャンプサーブ打ちがち

ハイキュー効果でバレー部に入る子が増えている。しかし、漫画の見すぎで絶対にできないジャンプサーブにすぐ挑戦したがる。伸び代があり、良い。

26

試合のサーブのとき センターの後頭部に激突しがち

もちろん狙っているわけではないのだが、ミドルブロッカーの後頭部に当たる確率が高い。男子のジャンプサーブだと、本当に頭が飛んでいったのかと思うくらい痛い。

27

ネット際でセッターとブロッカーにらめっこしがち

強気な選手同士だと睨み合いになるが、弱気な選手は目があった瞬間に逸らす。たまに知り合い同士だと喋ったりする。見つめ合ったところで恋が生まれたりはしない。

28

良い二段トスが上がると
ブロックフォロー忘れがち

自分のトスに見惚れて「めっちゃきれい！これ絶対スパイク決まるやろ！」と思って、ブロックフォローに入るのを忘れる。そんなときに限ってブロックシャットされてしまい、自分のところに飛んでくる。

29

シューズの裏を手で拭きがち

特にシューズのせいにしているわけではないと思うが、レシーブミスした後は、シューズの裏を手で拭きがちである。汗がつくからシンプルに滑り止めの効果がある。無意識でやっている。

30

サーブレシーブに参加しない
オポジットのジャッジなど
信じてはいけない

オポジットに限らず、間違えたジャッジをしたくせに、味方がミスをしたら怒ってくる奴がいる。素直に謝ってほしい。監督には「なんでとらへんねん!」と怒られてしまう。

フライングレシーブ
失敗した後 ボール巻き込みがち

ギリギリでレシーブできなかったときに起こる現象で、下手な人に多い。悔しいという気持ちを痛さが上回ってくる。やろうと思ってできることではないので一種の妙技なのかもしれない。

32

ツーくるよと言いながら
ツー落とす

「ツー」という、セッターが2本目で返してくる技がある。その攻撃をされないように、「ツーくるよ」と大きい声で言い、心理戦をかけるのだが、ただ口癖のように言ってるだけのときが多く、言っておきながら落とすこともしばしば。

33

ラインギリギリに打たれて取れなかったとき、とりあえず「アウト！」って言う

インかアウトかわからず、しかも取れなさそうなときは、とりあえず大声で「アウト」と叫ぶ。審判をだます効果がある。アウトだと思ったから取らなかったように演出できるので、監督に怒られないための予防線にもなる。

34

ミドルブロッカー
チャンスボール返せない

ミドルブロッカーは身長が高く、早い攻撃とブロック力に特化している選手が多いため、レシーブ力が低い。そのため、ミドルブロッカーがレシーブするときは緊張が走る。前衛で短く高いボールを返すのは少し難しく、ミスることも多い。

35

パンケーキ上がってなくても「上がった!」と言う

手のひら一枚でレシーブすることをパンケーキという。パッと見、上がったか上がってないのかわからないので、とりあえず「パンケーキをしたときは上がったと言え」と監督に徹底させられている。

たまにに人間とではなく
ネットと押し合いしてるときある

トスが近いときなど、ネット際の空中戦で相手とのボールの押し合いになるのだが、高さが足りず、ネットと押し合ってしまう。かなり恥ずかしい。

37

ラストボールを
スレスレを狙って返したとき
ネットにかかると絶望感半端ない

ラストボールを山なりのチャンスで返してしまうと怒られる。したがってネットスレスレを狙ったりするのだが、たまにミスる。ネットにかかった瞬間、仲間から冷ややかな目で見られる。

38

セッターどこに上げるか迷ってトス抜けることある

トス回しはセッターが決めるのだが、結構難しく、迷うときがある。迷いすぎてミスしてしまうことが稀にある。トスが抜けるというマヌケな結果を招く。

39

フォローサボったときに限って ボール飛んでくる

フォローには毎回入らないといけないのだが、体力的にかなりしんどい。そのため、たまにサボりたくなり、1本くらい……という気持ちでサボると、そんなときに限ってボールは飛んでくる。めっちゃ怒られる。

40

「触らんかったらアウトやった」と自分の罪を軽くしようとする

「触ったんなら返せよ」とみんな思っている。「ジャッジお願い！」とあたかもジャッジができてない周りのせいにしてきたりもする。ちなみに罪は軽くならないし、監督の怒りは倍増する。

41

「○番マーク」と言われるとうれしい

マークされるということは、相手にとって嫌なプレイヤーであり、スパイクが決まってるということ。自分の番号だとできる奴っぽくてうれしくなる。反対に「○番ないよー」と言われると非常にショック。

42

覆らないとわかっていても ワンタッチのアピールしまくる

自分のスパイクがアウトになったとき、明らかに相手選手のブロックにあたっていなくても、ワンタッチしているとアピールし続ける。「ワンタッチした！」が「ワンチした！」になり、「ワンチワンチ！」と大騒ぎ。

43

タイムアウトのとき モップ競いがち

タイムアウトは30秒で、その間にコート全体をモップがけしなければならない。なので必然的に、ダッシュでモップをかけるのだが、相手チームと同じ動きになるので、競っていなくとも競っているように見える。人によっては本当に競っている。

44

1カ所のワイピング（床の汗を拭く）に大勢集まりがち

「側から見ると「そんないらんやろ」と思うが、自分だけいかないと後で怖い先輩に怒られたりするので必死だ。拭いている間に自分の汗が次々と床に垂れて、結局最後まで自分の汗を拭いている奴もいる。」

45

今日はもう試合に出ないと思って油断していたら急に呼ばれて
なかなか服が脱げないリザーブ

冬場は特に多く着込んでいて、さすがにこの点数ではもう出番ないなと自分で判断したときに限って急に呼ばれる。かなり焦るので、チャックを開けられなかったり、服を脱ぎ切ることができずに周りに引っ張ってもらったりして脱ぐ。

46

ドキドキしながら準備してたら 怒涛の連続得点で出番なく 試合終了

この後交代で入れと指示されせっかく準備をしていたのに、そういうときに限って、連続得点が入る。ドキドキしていた時間を返してほしい。残念だが、チームは勝っているので結果オーライである。

47

アップゾーンから
リザーブはみ出しがち

リザーブ（＝控え選手）は試合中アップゾーンにいるが、応援に熱が入ると、気がつけば毎回ラインをはみ出してしまう。毎回のことすぎて審判も大目に見てくれているが、さすがに出過ぎると注意される。

48

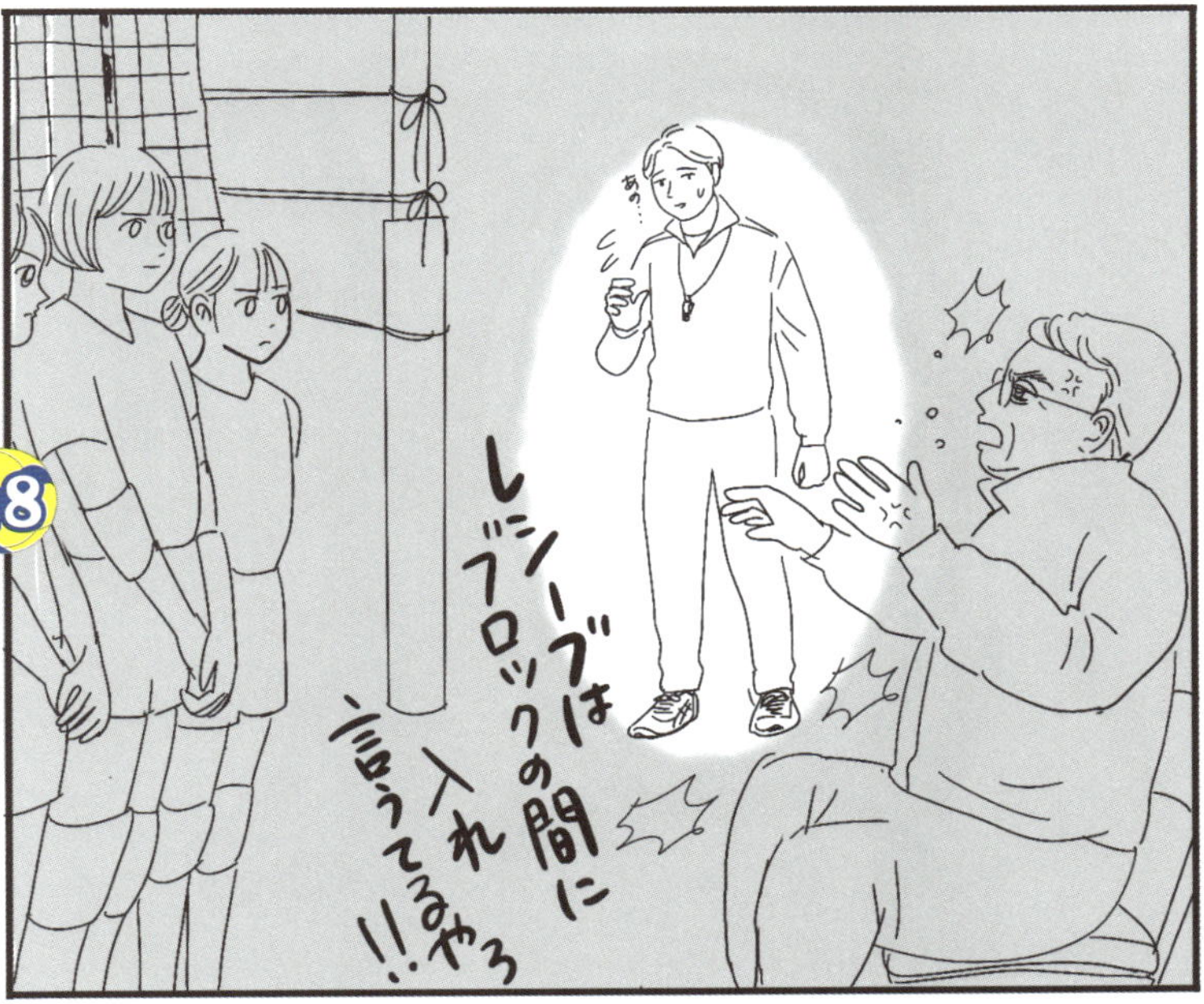

タイムの30秒が終わっても
コートに入ってくれない強豪チームに注意することができない副審

本来ならば副審が注意してゲーム進行しなければいけないのだが、強豪チームの監督はあからさまに怖い。特にタイムで怒っているときなんかはなかなか声がかけられない。しかし、声かけしないといけないので大変な仕事である。

49

試合に負けたら
フライング（レシーブ練習）を
鬼させられる

立ったり寝そべったりする動きの繰り返しなのでかなりきつい。特に雨の日など床の滑りが悪い日は地獄である。練習試合でも容赦ない。練習着の胸あたりが黒ずんでいるチームはフライングの回数を物語っている。

50

ミスした後
監督の顔みがち

ミスしたら監督に怒られるので、すぐ監督の顔を確認する。たまに気づいてないときがあるのでそのときはラッキー。見すぎていると、「先生の顔になんかついとんか」とまた怒られる。

51

見事に整頓されている
強豪校のカバン

基本的に強豪校は何もかも隙がなく、整理整頓もきれいにされている。カバンや靴の並べ方を見ただけで、そのチームの強さがわかる。私生活とバレーは繋がっているのだ。弱いチームはその逆になりがち!?

52

相手の公式練習を見て明らかな力の差を感じる

相手の公式練習を見て明らかな力の差を感じることがある。しかし、気持ちだけは負けずに、こっちも上手いですよオーラを出す。側から見たら全くオーラは出ていない。案の定試合ではボコボコにやられる。

53

片足全部サポーターで黒い人めっちゃ上手そうに見える

上手い人たちは、太ももやふくらはぎ、腕にまでサポーターを付けている。怪我のサポートや予防の意味が本来ではあるが、そこまで揃えてるというのが上手い証拠。かっこいいからつけているという人もいるとかいないとか。

54

片腕伸ばせば ネットの高さがわかる

みんな自分の身長や手を伸ばしたときの到達点を把握しているため、ネットの高さが大体わかる。自分でネットを張らなかったときに毎回なんとなく手を伸ばしがち。普段の生活でも使えないことはない。

55

2階席から試合を見るとき 手すりが邪魔をして 見えずらい

絶妙な位置に手すりがある。2階席に行って、「あ、ここの席空いてる!」と思って座ったら見えないことが多い。設計ミスである（ウソ）。

56

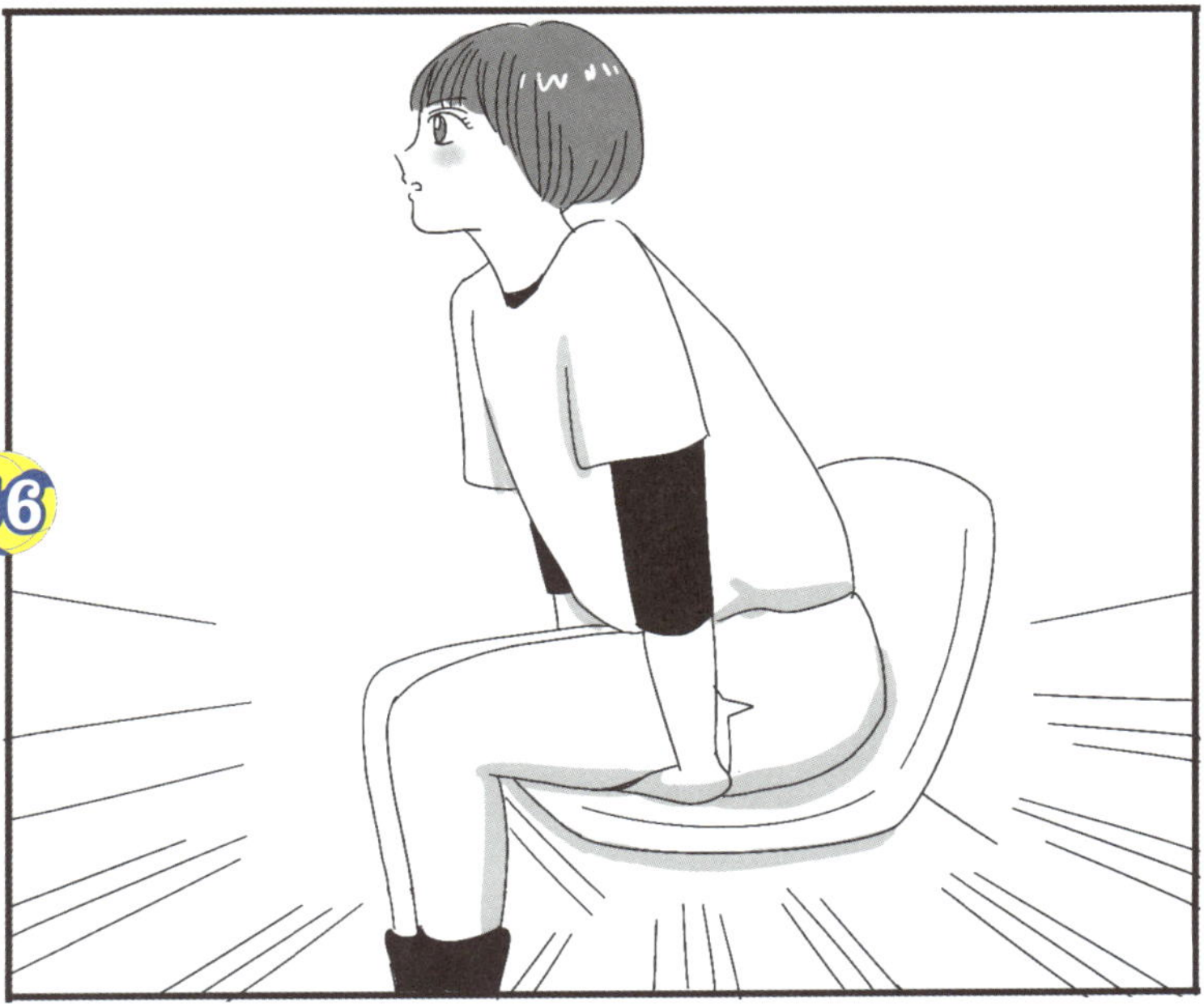

椅子に座るとき
手挟みがち（真冬）

バレーのパンツはかなり短いため、冬場椅子に座ると直接肌にあたって飛び上がるほど冷たい。その防止方法として、手のひらを挟みがち。

57

臭いとわかっているのに
膝とサポーターのにおいを嗅いでしまう

サポーターを付けている部分は汗をかきやすく、絶対に汗臭いとわかっておきながら、練習後に毎回においを嗅いでしまう。しかもそれが絶妙にクセになる臭さで、なぜか人にも嗅がせたくなる。

58

先輩の洗濯物は次の日までに乾かさないといけない

テロテロ生地の練習着などはほっとけば乾くが、靴下やサポーターなど、分厚いものはなかなか乾かない。洗濯終わりにドライヤーである程度まで乾かしておくか、早起きしてドライヤーをかけるかの二択。

59

ネット張るとき 必ず「アンテナ足りる？」と聞く

ネットを張るときは、アンテナ※を付けるためにできる限り左右均等にしなければならない。そのため、反対のポール側にいる子に「アンテナ足りる？」と聞くのが定番だ。

※サイドラインの真上にネットに沿って設置してある紅白の棒。ポストとも呼ばれる。

60

両チームでラインズの取り合いになる

「ラインズ代わります」「大丈夫です」「いや代わらせてください！」「いややらせてください！」。練習試合でよく見る風景。互いのチームが先生に怒られるからと言う理由でラインズをやろうとするので取り合いになる。

61

ラインズマン中

試合に集中しすぎて インかアウトか見そびれる

ラインに集中しておかなければならないのだが、良いラリーをされると、どうしてもボールを追って試合を見てしまう。そういうときに限って際どいところにボールが落ちる。

62

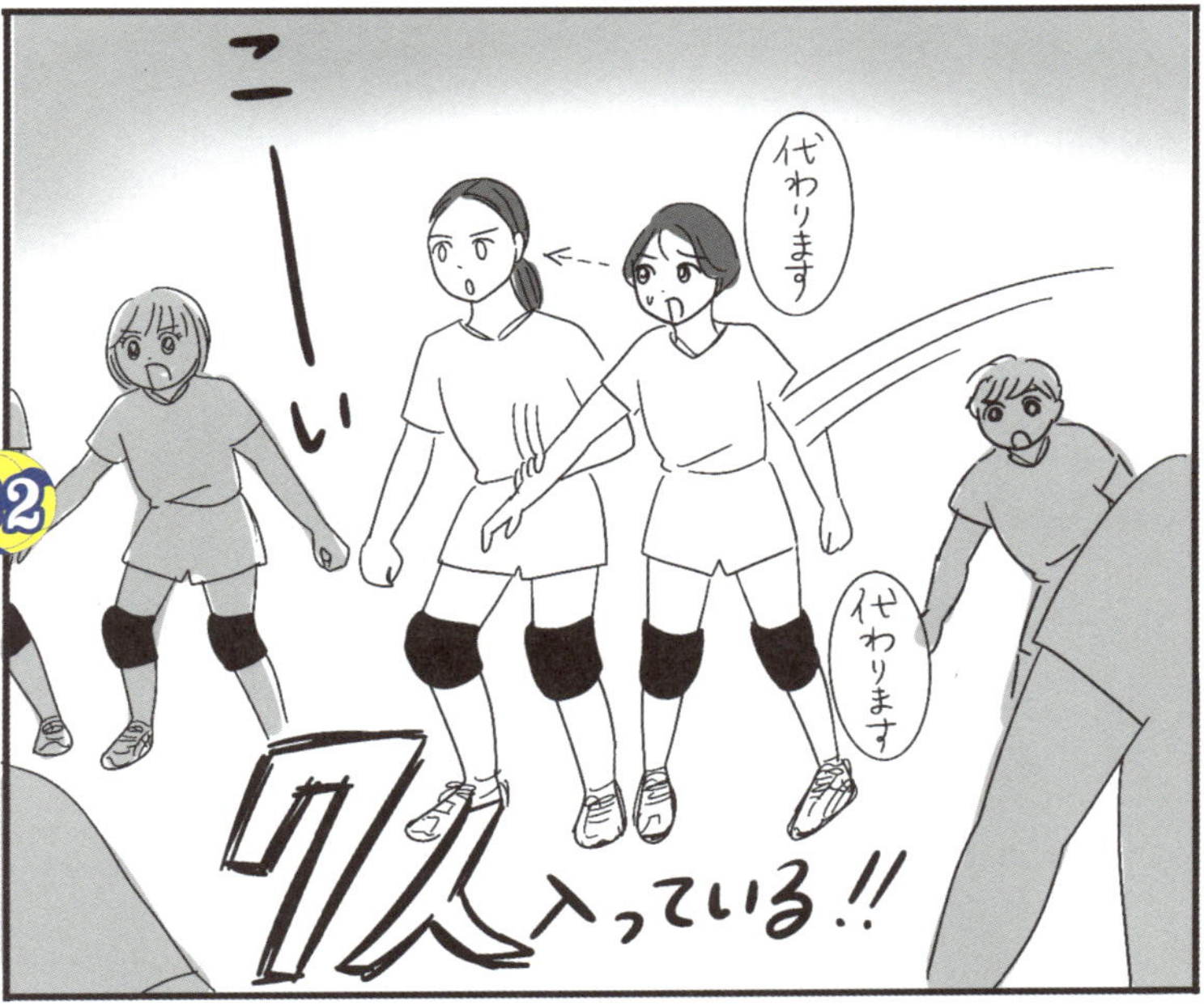

コートの中に 7人入ってるときある

「あいつと代われ」と言われて、コートの中へ行くが、どいてくれない先輩。諦めてコートから出てきたら、「なんで代わらへんねん」と監督に怒られるので、7人でバレーすることに。最大で9人くらいまで入っているのを見たことがある。

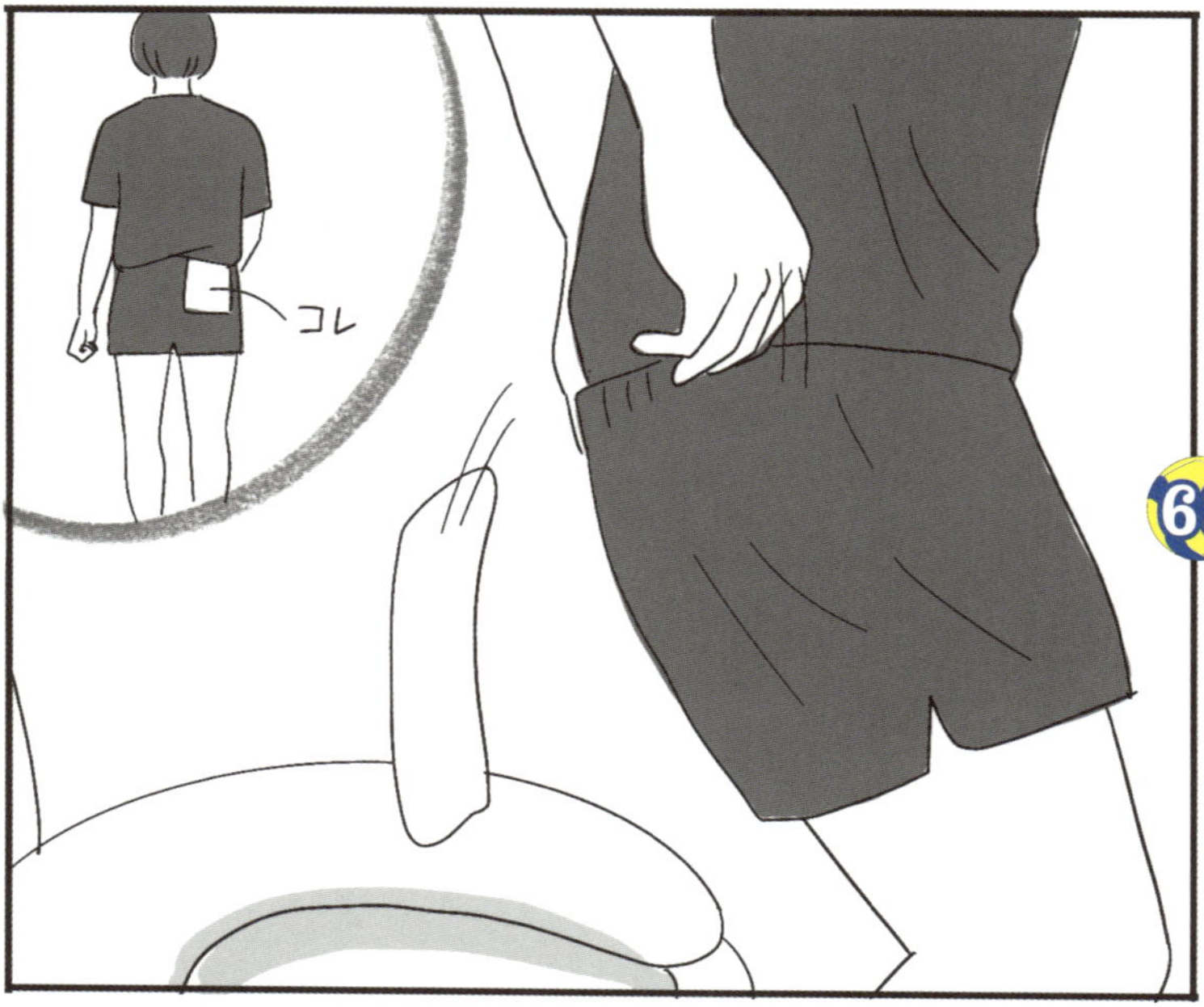

63

トイレでズボンを下げたとき
便器に雑巾落としがち

夏場は床に汗がボタボタ落ちる。それを拭くために、ズボンに雑巾を挟んでいることが多い。挟んでいることを忘れてしまって、トイレの便器によく落としてしまう。ど真ん中に落ちたときはかなりショック。

64

ボールケースを歩行器みたいに使ってるヤツ

ボールケースは運びやすく車輪がついてる。疲れ切って、歩くのさえしんどいとき、この使い方をする人がいる。結構楽である。もちろん監督に見つかると怒られる。

65

女子が通るとあからさまにやる気が出る男子バレー部

さっきまで適当に打っていたスパイクも威力マシマシになり、カッコつけたがる。大きい声を出して、目立ちたがろうとする。特に女子は気にしていない。無駄にバックトスをするセッターも多い。

66

どれだけ不細工でもバレーがうまいとカッコよく見える

バレーが上手い人はカッコよく見えるもの。イケメンでも下手だとカッコ悪く見えてしまう。やっぱり王道はエーススパイカー。苦しい場面でも高いジャンプ力で誰よりも決めている姿に全女子はキュンです。

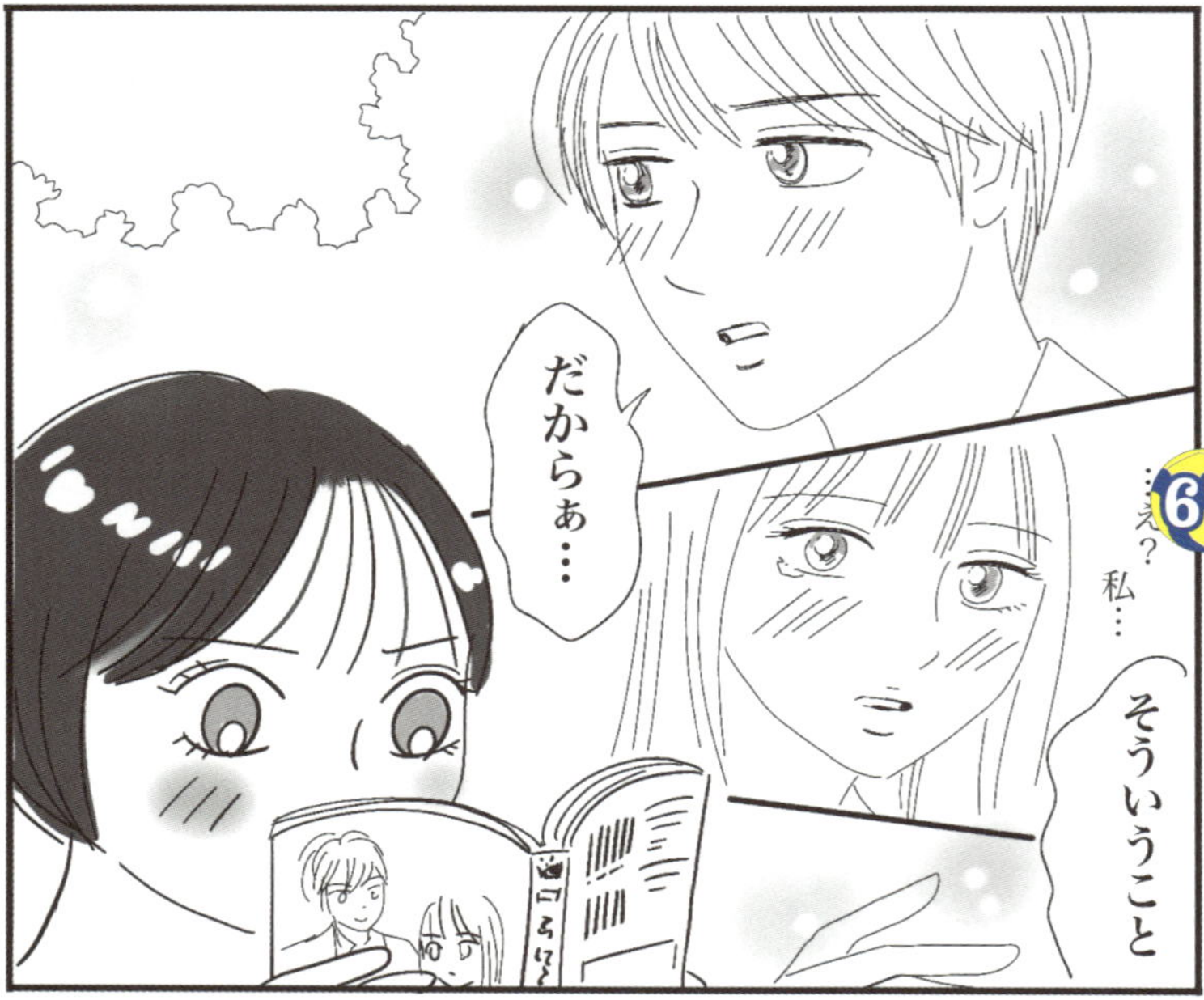

67

恋愛禁止だから少女漫画に走る

（アイドル推す時間なんてない）

恋愛の代わりに少女漫画をよく読んでいた。２人のイケメンから同時に好きになられたり、手を繋いで下校したり……。恋愛に対する知識だけは増えた。恋愛ＯＫで強いチームには絶対負けたくない。

68

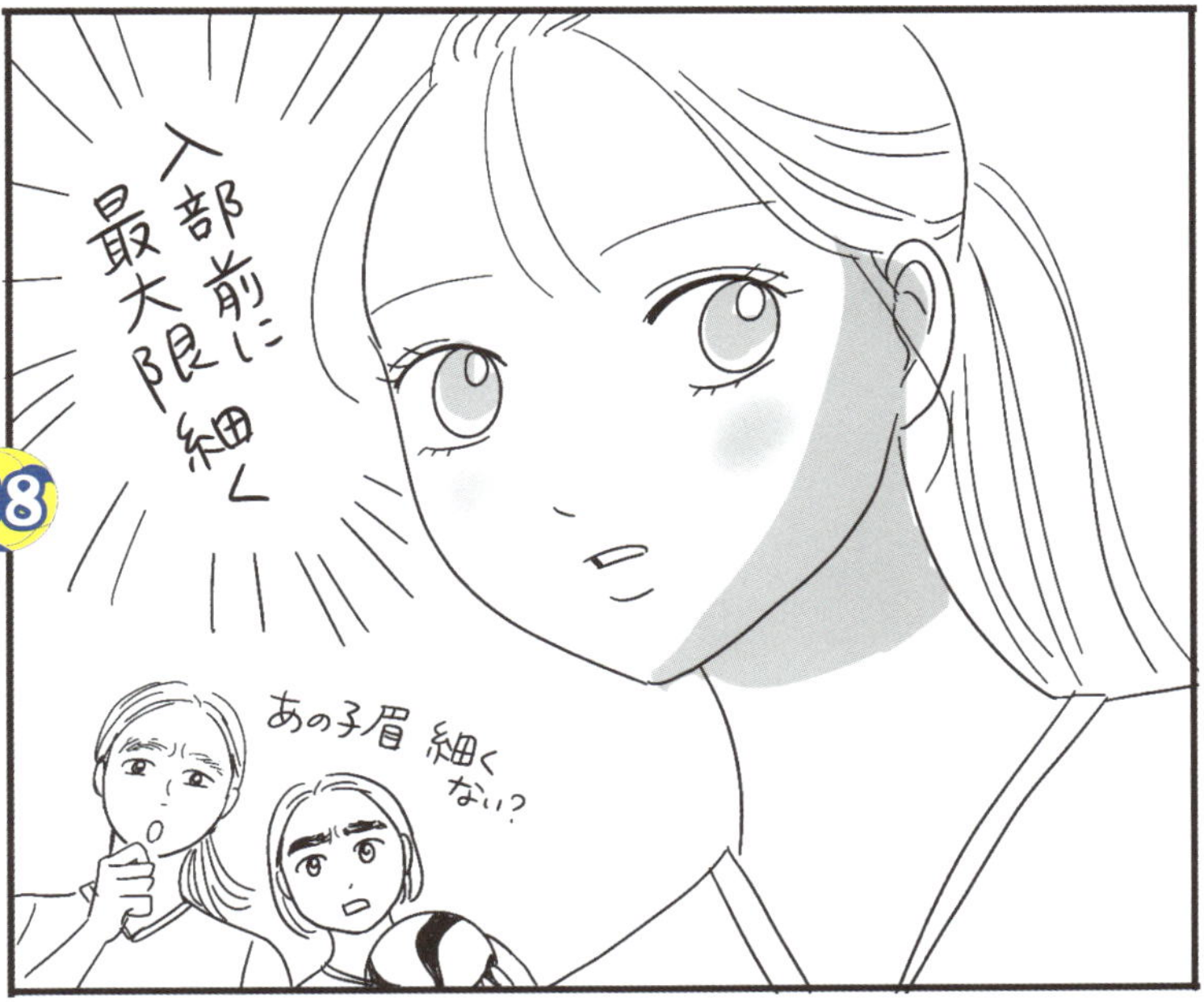

眉毛をいじってはいけない

眉毛剃るのはＮＧと知ると、最大限に細くしてから入部する。あっという間に元の姿に戻るがやらずにはいられない。立派な眉毛のチームを見ると仲間意識を感じ、応援したくなる。眉は強さの象徴だ。

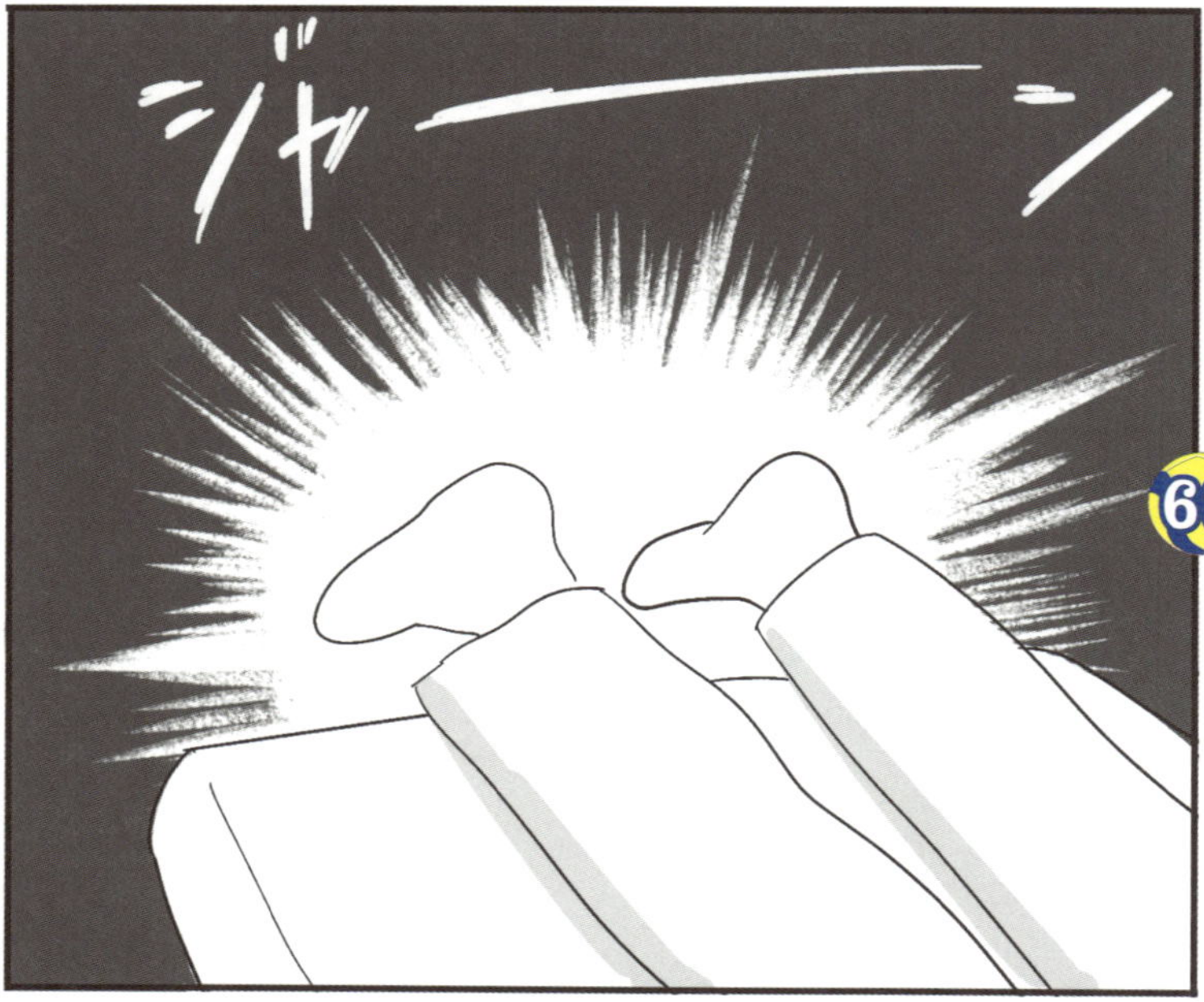

69

接骨院で ベッドから足はみ出がち

基本的にどこのベッドも短すぎる。なぜか少し恥ずかしい気持ちになるし、毎回「脚長いですね」と言われるのにも飽きた。ちなみに布団からも足がはみ出すので、お化けが出そうな夜は少し怖い。

70

届きそうな天井はつい飛んでしまう

高身長が多いバレー部。天井に手が届くことも少なくない。「〇〇ちゃんならここ届くんちゃう？」と言って飛ばされがち。ぶら下がっているものなどは、必ずアタックしてしまう。なぜかチャレンジしたくなる。

71

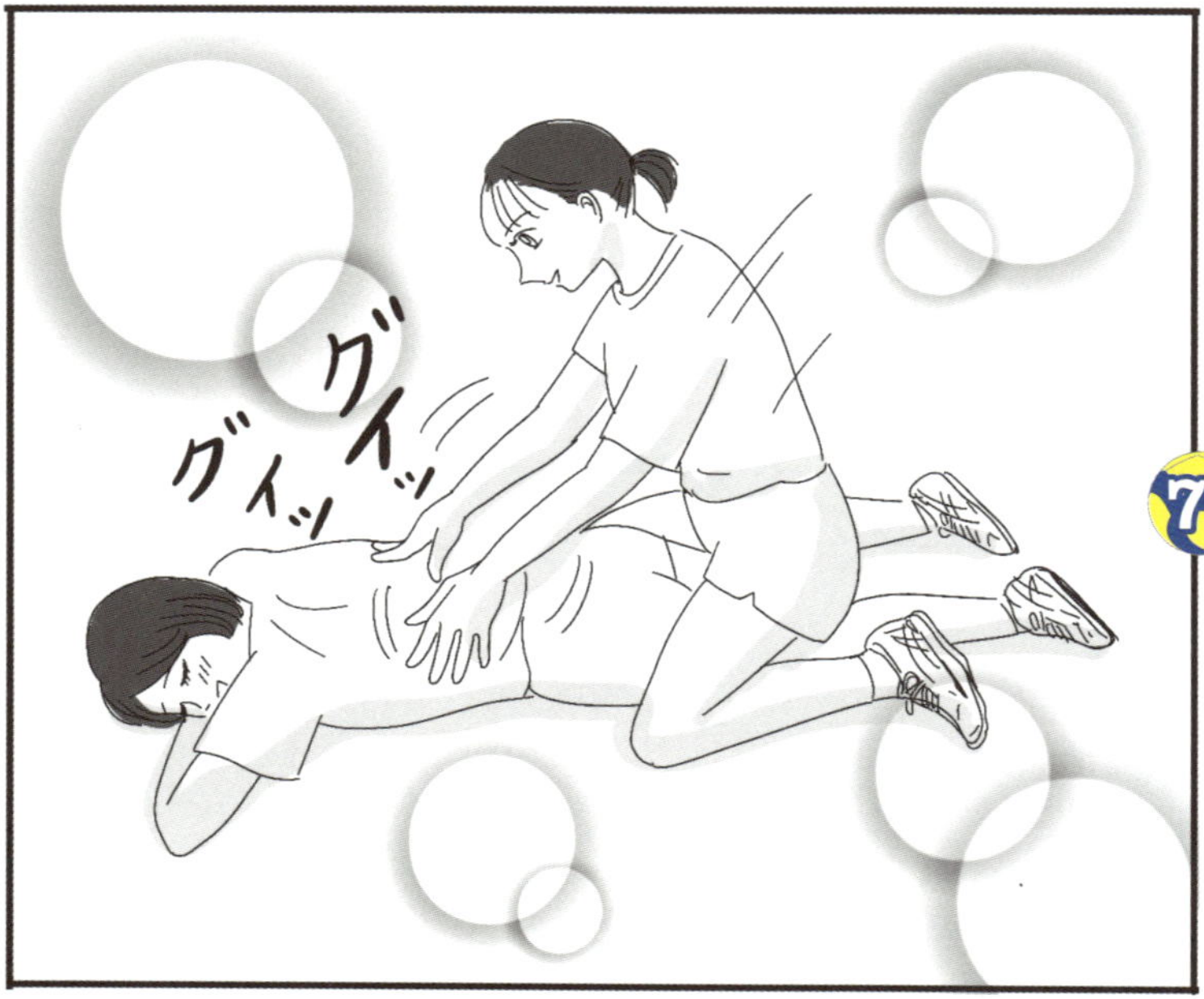

マッサージがうまい部員がいる

練習後は2人組でストレッチやマッサージをする。マッサージがうまい子は人気だし、ペアを組めるとラッキーだ。先輩からもご指名が入るので、本人は自分のマッサージ怠りがち。

72

バレーを何年もやってるのに ルールの理解が曖昧

テレビなどで友人とバレーを見ているとき、ルールについて聞かれるが、正直詳しく説明できない。年々ルールが変更されているし、細かなネット際のプレー、特に、センターオブラインについては審判以外ほぼ理解していない。

高身長の人を見ると バレー部と決めつけがち

170センチを超えているスタイルがいい人を見ると、全員バレー部出身に見える。勝手に仲間意識が芽生える。それがバスケ部だったことがわかると……なぜかヘコむ。

コラム❶

バレーボーラーの恋愛事情

色気のなさすぎる青春時代

女子バレー部はモテるイメージがあるのではないだろうか。一般の人に比べると、高身長で色白で、スタイルが良い。そしてなぜだか黒髪ショートがとても似合う。確かにモテなくはないが、それは大人になってからの一部の人たちだけで、私の学生時代はひどかった。

まず私の高校は、短髪刈り上げ、恋愛禁止。眉毛剃り禁止。一番の思春期なのに恋愛経験なし。学校でカップルを見かけると毎回羨ましかった。一緒に手を繋いで帰る青春、やってみたかった。バレー部は終礼終わりすぐ、全力ダッシュで体育館へ向かう。これが日常。「男子と喋ってはいけない」という謎ルールがあったため、共学にも関わらず男子と会話したことはなかった。

そんな中、恋愛に関する楽しみは2つあった。

1つは恋愛ドラマを見ること。練習終わり、寮に帰ってご飯を食べる時間に食堂でよく見ていた。チャンネル権は3年生が握っていたが、月9などは満場一致でみんな見たい。ありえないなと思いながらも、毎週キュンキュンしながら見ていた。

もう1つは、試合会場で男子と一緒になることだ。県大会の決勝や、春高レベルになると男子と会場が同じになる。高身長でバレーが上手くて、全員がかっこよく見えた。春高ではイケメンを探して、ひっそり推しを作ったりしていた。

そんなこんなで色気のない高校生活を過ごしたのである。

バレーボール女子が彼氏に求めるもの

大学へ入学すると、部則はかなり緩くなり、高校のときにできなかった恋愛ができるようになった。髪を伸ばしたり、眉をいじったり、可愛い服を着たりして女の子であることを楽しんだ。

大学1年生のときに男子バレー部の彼氏ができた。杉浦太陽くん似のイケメンで、バレー部内ではそれなりに有名なカップルだった。練習着を交換して着たり、お揃いのスポーツネックレスをつけたりして楽しんでいた。

仲良しだったが、そんな彼の少し嫌な部分は、私よりバレーが下手ということだ。もちろん下手すぎるわけではないが、見る人が見たら一目瞭然でわかるレベルだ。スパイクも器用さがなく、ただ高く飛んでいるようにしか見えなかった。それにより若干蛙化しかけたが、イケメンだったのでかろうじて耐えた。

３年のクリスマスに、ユニバに行く約束をしていたのだが、ドタキャンされたことがきっかけで２人の関係がぎくしゃくしはじめた。

その期間はバレーにも影響が出て、集中力がもたず、ケアレスミスも増えた。約束を守れないなんてスポーツマンシップに反している。色んなことが気になりだし、その彼とは２年半でゲームセットした。恋愛が上手くいかなくなるとプレーにも支障をきたすことを学んだ。

高身長は希少価値!?

勉強、部活、恋愛で忙しい日々を過ごした４年間だったが、無事卒業し、社会人になり働き出した。新しい恋人を作ろうと張り切っていたのだが、そこで驚いたのは男性の身長の低さだ。「みんなこんなに小さいの!?」と衝撃を受けた。学生時代は周りに高身長がいるのが当たり前だったため、高身長へのありがたさを感じることはなかったが、社会に出てから高身長は希少価値であることを知った。自分自身のことも、そんなに身長が高いと思っていなかったが、職場ではかなりデカかった。

合コンにも数回行ったが、店で合流した瞬間、自分より身長が低い段階で消化試合になる。スポーツ経験のない文学系男子とは話も合わず、ひょろひょろな体つきも気になり、合コンどころじゃなかった。

前までは、高身長細マッチョイケメンが良いと思っていたが、社会人になった今、そんな人はなかなか存在しないことを知った。逆身長差で結婚する先輩方も増え、そうなる意味がわかってきた。結婚した先輩方はみんな幸せそうだ。

人は外見より中身が大事と聞く。それは確かだと思うが、でき

ることなら高身長細マッチョイケメンであってほしい。なぜなら、
高身長細身色白美人(自称)の私に釣り合うために。
そう思い続け、三十路になった今、私の隣は空いている。

Part 2

ジャンル別 #バレーあるある

練習中、試合中のあるあるや、監督、先輩後輩のあるあるなど、細か～いけど、思わず笑っちゃうネタが大集合！　初出しのネタもたくさんあります！

頑張りたいのかサボりたいのかわからない

#練習中あるある

74

ボール渡し遅いと**交代させられる**

バレーはテンポが大切なので、監督はボール渡しに厳しい。しかも渡し方にもこだわりがあり、軽くのせてほしいタイプの監督と、グッと力強くのせてほしいタイプの2つが存在する。テンポが合わないと交代させられる。

75

監督に説教されて、後ずさりしてたら、**仲間に「下がるな」と言われて**背中を押される

近づきながら怒ってくるので、反射的に下がってしまうのだが、仲間がそれを阻止してくる。

76

静止してるボールを**バウンドできることを自慢**してくる奴

コツを掴めば簡単なのだが、なかなかできない人もいる。ちょっとだけすごそうに見えるため、自慢している奴がいる。大してすごいことではない。

77

アンテナの下の針金で

服が破けるときある

古いアンテナだと、針金が出ていることがある。アンテナの下を潜って通ることがよくあるのだが、上がるタイミングをミスって背中に刺さっている人をよく見る。

78

3人パスで自分が変なところへ飛ばしてしまうと

めちゃくちゃ責任を感じてしまう

何本か連続でミスしてしまうと空気も悪くなったりして、申し訳なさがマシマシになる。

79

遠征のとき

渋滞しているとうれしい

少しでも練習時間が短くなるのでうれしい。だれも悪くないし、ラッキー。監督だけイライラしてる。

80

監督の説教を**声出しでかき消しがち**

毎回毎回怒ってくる監督。話を聞くのが面倒なので、チーム全員で声を出して聞こえないふりをする。このときに最もチームワークが発揮される。

81

サーブ練習しているとき、**監督邪魔やけど言いづらい**

エンドラインに立っている監督が多い。サーブ打つときも場所を変えずに立っているが、邪魔ですとも言いづらいし、避けて打つしかない。やめて欲しい。

82

新球の取り合いみんなしがち

ジュニアに多い。新しいきれいなボールをみんな使いたいから、新球が入ると取り合いになる。

83

ボールカゴを開くとき**手を挟みがち**

ボールカゴの最後、ガチャンと開く部分に手をかけて開くと皮膚を挟まれる可能性が高い。経験者は気をつけているが、未経験者はよくわからないためやりがち。一度は通る道である。

84

体育館2階のカーテン裏で着替えがち

誰が見ているわけではないが、一応恥じらいを見せてみる。外からは丸見えなのだがそこはあまり気にしない。

85

練習終わりにボードジャンプしがち

練習終わり、疲れているはずなのに、バスケゴールに向かってジャンプして、高さを競っている奴がいる。男子に多い。しかも結構高く飛ぶ。練習中にそれくらい飛んでくれよ……。

86

ワンマン※される奴だいたいいつも決まってる

気に入っているのか気に入らないのか、なぜか決まった奴で急に始まる。しかもどれも絶対取れそうもないボールを出される。

※ワンマンレシーブの略。文字通り一人で守り、ボールに食らいつく練習。ボールへの執着心と根性を鍛えるだけの練習。

87

アクエリの薄め方プロってる奴おる

液体でもアクエリ（ポカリ）は薄めて飲むのだが、その割合を完璧にこなす奴が1人はいる。粉タイプでもプロっている。

88

しんどい練習のときは 靴紐結ぶふりしてサボる

靴紐が解けるのは仕方がないことなので、監督も怒らない。しんどい練習になればなるほど、靴紐を結ぶ選手が増える。

89

ボールが落ちたところにフライングさせられる

定番中の定番。明らかに取れないボールでも、落ちたところにフライングしなければならない。最後まで諦めない心を養うためとされている。

90

休憩中、座ってはいけない

だらしなく見えるためという理由なのだが、座った後は体の動きが悪くなるので理にかなっている。きつい練習の後は倒れ込みたいくらいだけど、みんな立って休憩する。座って休憩するチームは大抵弱い。

91

アンダーでトスを上げると「逃げてる」と言われる

セッターは基本オーバーでトスを上げる。そのほうがスパイカーは打ちやすい。オーバーで上げられそうなボールをアンダーで上げると、オーバーを使うことから「逃げてる」と言われる。どんな体勢からでもオーバーでトスを上げるセッターが一流である。

92

「今日スパイクめっちゃ調子いい！」と思ったら

ネットが低かった

打ってるときは高さの変化に気づかないので、気分が上がるが、だんだん調子がよすぎて、疑問を抱き、ネットを確認する流れに。逆に調子悪いなと思ったらネットが高かったということもあるある。

93

練習終わって片付けのとき

「ネットそのままで！」

と言われたらうれしい

施設の体育館を使うときなど、後でママさんバレーが入ってきたりしたときはラッキー！

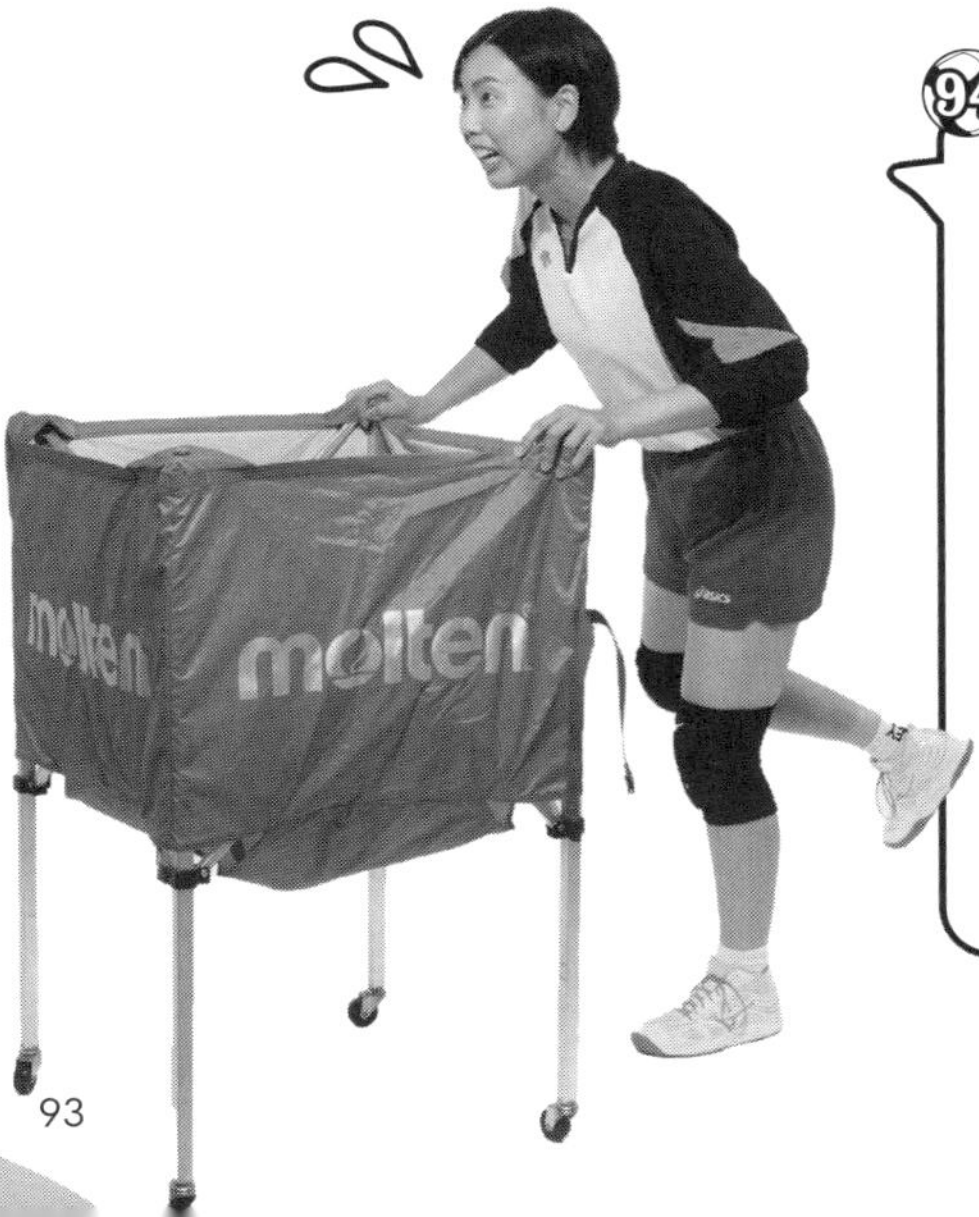

94

ボールケースの車輪、

うるさいところ

上げて押す

長年使っていると、サビで車輪がうるさくなってくる。静かな体育館だと響くし目立つので、気を使って持ち上げて運ぶ。

大人になってわかる!? 鬼指導の理由

＃監督あるある

95

「練習のための練習ではなく試合のための練習をしろ」と言いがち

常に試合を想定した練習をしていないと怒られる。当時は怒られないようにすることに必死で頭に入っていなかったが、とても大事なこと。名言！

96

3人レシーブで息切れしていると「俺のほうがしんどい」とアピールしてくる

「お前らは1回入ったら休憩やけど、俺は全員分球出ししてんねん！」がお決まりのセリフ。監督はそんなに走り回ってないだろとみんな心で思っている。

97

試合中の選手の声が小さすぎると「お葬式かと思った」と言う

そんなわけないんだけど、これもお決まりのセリフ。声出しできてないときの説教のバリエーションどんだけあるねん！

98

入射角と反射角で
レシーブの指導をする監督

まず小学生には理解不明。中学生になると理解はでき、頭ではわかるのだが、なかなか体は思うように動かない。

99

選手の視力低下にまで気づく監督おる

明らかにボールの落下点に入るのが遅かったりする選手を見ると、視力低下を疑う。実際に目が悪いときが結構ある。親にコンタクトを買ってもらうように促される。

100

サーブ練習のとき
「23-24を想定して打て」と言う

何も考えずにただサーブ練習をしている選手が多い。ミスしたら負けの決勝点のシーンを想定して打てと言われる。しかし、リアルに想定するのはかなり難しい。

101

ジャンプ力が低いと
「ヤクルトジャンプ」と言われる

バレー部だけ？ なのか、ジャンプ力が低いことをヤクルトジャンパーと呼ぶ。ヤクルトの容器くらいしか飛べてないという意味。

102

監督の**授業だけは目が冴えるし、めっちゃ指される**

監督が先生でもある場合、当然授業を受けることもあるが、そこで寝たら一生の終わりである。監督もバレー部当てがち。

103

集合が遅いと**集合の練習をさせてくる**

集合の合図がかかると全力疾走で集合しなければならない。遅い部員が1人でもいると壁タッチからの再集合だ。声が小さい場合も同じである。1人はみんなのために、みんなは1人のために、毎回全力で集合する。勢い余って止まりきれずに部員同士でたまにぶつかっている。

104

「お前らの学年が1番最低な学年や」と**毎年言ってる**

七不思議である。1〜2年生のときにも聞いていたので、3年生にもなると響かなくなっている。

105

体育館行事が終わった後、**片付けはバレー部に任されがち**

バスケ部もバド部もあるのに、なぜか監督は片付けをバレー部にやらせたがる。先生の中で体育館マウントでも取り合ってる？

106

サーブ練習を **休憩だと思っている**監督おる

サーブ練習は球出しをする必要がないから、椅子に座って見ている監督が多い。熱心な監督は選手の近くで指導してくれる。

107

ブロックが止まらないと **「ざるブロック」**と言われる

キッチン用品の「ざる」のことで、ボールを止められないから、水がダダ流れるという比喩でそう言われる。自陣にボールが吸い込まれることから、「ダイソン」と言われることも。

108

カバーできそうなボールを **監督がキャッチしてくる**

練習試合で明らかにカバーできるボールでもキャッチされてしまう。とくに機嫌が悪いときはされがち。公式戦になると、椅子など含めて全力で避けてくれる。

109

選手に怒ったことを、 **家に帰ってから後悔する監督いる**

怒りすぎたかもしれない、けど、仕方がなかった……と毎日と言っていいほど反省する人もいるとかいないとか。

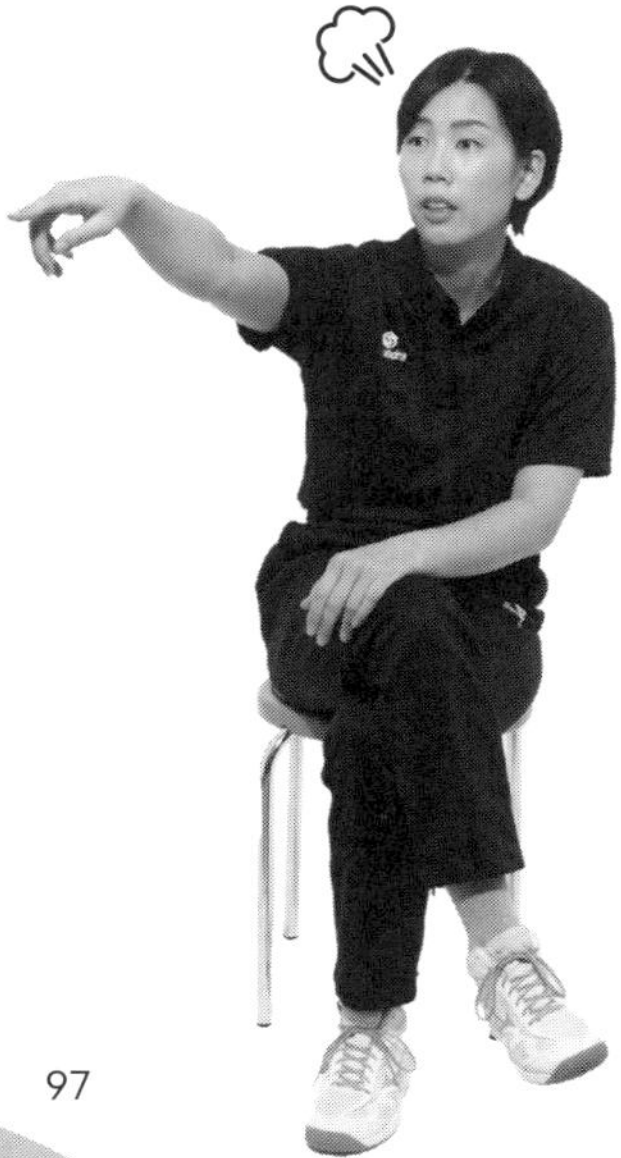

110

監督とコーチの言っていることが違うので困る

双方に違うことを言ってくるので、どっちの言っていることを実行すればいいのかわからない。監督とコーチがバチバチのときもあり、非常に困る。

111

クリスマス中の合宿だと監督がケーキを買ってくれることがあり、そのときだけちょっと好きになる

「なんでこんな日までバレーせなあかんねん」と思いながらも、クリスマスは基本合宿所で過ごす。１日頑張った日の夜に、監督が全員分のケーキを差し入れしてくれるとこの上ない喜びを感じる。日中の頑張り具合でケーキの内容も変わってくるのでいつもより頑張る自分がいる。

112

「アウトってわかってもラインまで下がれ」と言われる

アウトはアウトでもジャッジの仕方が適当だと怒られる。こういう指導者は基本エンドライン付近に立っている。

113

「打たれるときには止まっとけ！」と言われる

レシーブポジションにつけてなくても、相手が打ってくる瞬間には止まっておかないといけない。下がりながら前のボールは取れないからだ。しかし、何度言っても動いてる子はいるから、よく監督が言うセリフである。

114

レシーブ弾いた選手がその場で立ち止まっていたら**「ついていけ！」**と言われる

これはそこそこバレーがわかっている指導者でないと教えてくれない。「お前がそこにいて、あいつがちょっとでも上げたボールを繋げるのか？」と言われる。ごもっともである。

115

「ボールを嫌いな人の顔やと思って思いっきり打て」と言われる

スパイクの威力が弱い選手によく言われる。口にはしないが多分みんな監督の顔を想像している。

116

キャプテンが練習メニューを教官室に聞きに行ったら必ず**「今日機嫌いい？」**と確認する

練習メニューなんて正直どうでもいい。一番気になるのは監督の機嫌だ。監督の機嫌によって選手の心構えも変わってくるのだ。

117

すげぇ小さいタイムシグナル出す監督おる

公式戦でタイムを取るとき、監督はシグナルを出すのだが、めちゃくちゃ小さいシグナルの監督がいる。副審がチラチラ監督を見とかないといけないのだが、見逃さないようにしないといけない。

華やかな舞台の裏側でクスッとなる場面が

#試合あるある

118

どっちもサーブミスした後のサーブ **鬼緊張する**

サーブミスが続くにつれて、次の人へのプレッシャーが増していく。

119

レシーブでぶつかって相手だけ吹っ飛んだとき、**めっちゃ恥ずかしい**

レシーブは味方同士でぶつかるときがある。体幹の弱い選手は吹き飛ばされることがあり、吹き飛ばしてしまったほうは申し訳ない気持ちになるとともに、ゴツい選手というイメージになり恥ずかしい。

120

プレー中に**指が飛んでくる**

指のテーピングがとれることはよくある。特にスパイクを打ったと同時に飛んでいくことが多い。「○○の指飛んでった」といじられる。コート内にテーピングが落ちていると危ないので、ラリー中にベンチのほうへ投げられる。そのときは絶対アンダースローでみんな投げている。

121

セッターに文句言ってる奴は下手

スパイカーはいくらトスが悪くても打ち切らないといけない。打って決めて、文句を言うのはいいが、打ちもせず、文句ばかり言っている奴は二流である。

122

ナイスレシーブしたときにエースが決めてくれなかったらやるせない気持ちになる

死に物狂いで上げたボールを最後ミスなんてされたらとても腹立たしい。普通のレシーブならそこまで思わないが、ナイスレシーブしたときは決めてほしさが100倍増す。

123

審判の笛が鳴る前に自己判断でプレーやめる奴

笛が鳴るまでは絶対にボールを落としてはいけないのだが、勝手に判断してボールをキャッチする選手がいる。そういう奴ほど審判に文句を言うが、それで覆ったことはない。

124

ミスした後に無意識のルーティーンがある

自分では気づいていないが毎回している動きがある。サポーターを直したり、汗を拭いたりなど。ちなみに私は小刻みにサイドステップしてしまう。

125

ミドルブロッカー、ブロック飛んだ後

セッターとぶつかりがち

ミドルブロッカーはブロックを飛んだ後、すぐ下がってスパイクを打ちにいく。後衛セッターは後ろから走ってきてトスを上げにいく。お互いボールを見て動いているのと、ちょうど同じ場所を通ることが多く、ぶつかりやすい。ミドルブロッカーが責められがち。

126

相手がマッチポイントのとき、

サーブ入れにいくけどミスる

あと1点取られたら負けのシーンで、サーブが回ってくるととても緊張する。ミスはできないので入れにいくチャンスサーブを打つが、それもミスってしまう。

127

ラストボール、アンテナより高くコート外から返ってきたら

とりあえず「アウト！」って言う

バレーはアンテナより外から自コートに返ってきたボールはアウト判定になる。アンテナより低いボールなら一目瞭然でわかるが、高いと判断しにくいので少しでも得点に近づけるため、「アウト」と叫ぶ。

128

崩れた体勢で打ったスパイクが

決まると自分かっこいいって思う

万全の体勢でスパイクを決めるのは当たり前だが、自分で1本目レシーブを上げた後、体勢が崩れているにも関わらず、すぐにスパイクを打って決め切ったときの自分のかっこよさたるや国宝級だ。

129

ブロックして喜んだ後、**ネット越しにボール当たっただけ**だと分かって赤面

ブロックが決まるとうれしいので会心の喜びが出てしまうのだが、瞬間の出来事なのですぐに判断ができず、後に実は相手がネットにかけたボールが自分に当たっただけだと気づいて恥ずかしくなる。相手のミスで喜びすぎて申し訳ない。

130

応援の声が大きくなるほど味方の声が聞こえなくなり**孤独という見えない敵が現れる**

大きい大会は４面のコートで試合が進み、応援も相まってかなりうるさい。そんなとき、仲間の声はおろか、自分の声も聞こえなくなったりする。普段は狭い体育館で、応援もなく練習しているので、試合になって初めて経験する。近くにいるはずの仲間がとても遠くに感じる。そんなときは仲間と目を合わせて、心で会話することが勝利への鍵になってくる。

131

ピンチサーバーなど**存在しない**

ピンチのときに出てきて、いいサーブを打って流れを変えるピンチサーバー※。日本代表レベルでないとその役割を果たせる選手はいないので、ワンポイントで入って、サーブをミスってメンバーチェンジのパターンが多い。ピンチを呼ぶサーバーである。

※ワンポイントでサーブだけ打つ選手のこと

132

マッチポイントが近づくと**自分にサーブが回ってこないか逆算**する。

試合中20点を超えると緊張感が増してくる。点数差が開いているなら問題ないが、接戦の場面でのサーブほど緊張するものはない。頭の中で自分のポジションと点数を照らし合わせてサーブが回ってこないかを確認する。あとは神頼みだ。

133

ネットタッチやブロックのワンタッチがバレることなくこちらに得点が入ったときの**ラッキー感半端ない**

ボールがかすったかどうかは人の目で判断するのにも限界がある。触ってませんよという演技で審判を騙せたときは、自分はバレー界の広瀬すずなんじゃないかと思う。

134

ベンチ温めてる補欠のピンチサーバーがサーブ決めると**勝ったかってくらい盛り上がる**

ベンチを温めている選手に悪い奴はいない。ただ下手なのでレギュラーにはなれないが、みんなその子の裏の努力を知っている。だからこそ、その子の活躍を喜ばない仲間はいない。

135

高いチャンスボールが返ってくると、**スパイクボールよりも緊張**する

正直どんなスパイクよりも、バカ高いチャンスボールが一番レシーブしにくいのではないだろうか。チャンスボールは返せて当然という周りからの視線と、ボールが落ちてくるまでのあの絶妙な時間で緊張は増す。みんな取りたくないので、極力リベロに任せがち。

136

すべてのボールが**ゆっくりに見えるゾーン**に入るときがある

ゾーンに入ったときは本当にボールがゆっくりに見えるし、相手コートの空いているところが見える。位置取りも完璧で、立っているところにボールがくる。無敵状態で最強だ。後はどうやったらゾーンに入れるのかだけ教えて欲しい。

137

打つ体勢になれてないけどとりあえず**ボール呼んだときに限って**いいトス上がってくる

明らかに間に合わないけど、サボっていたら監督に怒られるし、とりあえずトスを呼ぶ声だけ出しておいたときに限って、セッターが周りを見ておらずトスが上がってくることがある。ただただ申し訳ない。

さとゆり世代は当たり前でした

先輩後輩あるある

138

まず自分より身長高いか確かめる

だからと言って何もないのだが、身長確認の時間がある。新入生に身長負けるとちょっとショック。

139

ローテーションしているように見せかけてほぼ1年生が洗濯する

合宿や寮生活では先輩後輩関係なく、持ち回りで洗濯をする。当番が決まっているはずなのだが、だいたい一年生が洗濯をしていることになっている。どうしてこうなった？

140

新入生がボール出し上手くできなくて先輩にイラつかれるときある

ボール出しは簡単そうに見えて難しい。下から投げるだけなのに、思ったところに投げられないことが多い。新入生にとっては初めてのことなので仕方ないのだが、先輩にとっては当たり前にできてくれないと困るし練習にならないのでイライラされてしまう。どっちの気持ちもわかる。

141

練習後に洗濯物を台車で運ぶ。暗くて**先輩の練習着を落としている**

真っ暗な帰り道、グラグラな台車に洗濯物を乗せて寮まで運ぶ。バランスをとりながら丁寧に運んでいるはずなのだが、気づかないうちに道端に落としている。大抵朝練に向かうときに気づく。先輩にバレてなくてセーフ。

142

卒部で渡す**メッセージボールに書くことがない1年生**

3年生とは数カ月しか部活を一緒にしていないし、思い入れなど全くないけどメッセージを書かないといけない。「今までありがとうございました。高校へ行っても頑張ってください。」が主流。

143

新チームになりセッターが下手な子になると、**先輩のありがたさ**を身に沁みて感じる

慣れとは怖いもので、良いトスが上がってくることを当たり前だと感じてしまっている。新人のトスを打ったときに初めて、あの人は上手かったんだと気づく。トスによってスパイカーの決定率は変わってくるし、私は打たせてもらっていたんだなと、感謝の気持ちが溢れ出す。ちなみにもちろんその逆バージョンもあり、「あいつのトスは下手だったのか」と気づく。

144

上履きでバレーしてる1年生

入部したてでまだシューズを買っていない子はいるもの。身体能力の高い子は、上履きだろうと光るものがある。はよ本気見せてくれ。

145

JOCに選ばれてるか選ばれていないかでカーストが決まりがち

バレーの上手な人はJOC※に選ばれるので、それだけで大きな肩書きになる。大人になってからでもJOCに入っていたと聞くと、中学時代からのエリートなんだと分かるため後輩でも舐めてかかることはできない。

※ JOC= 日本オリンピック委員会

146

先輩が傘を指していなかったら**後輩は傘をさしてはいけない**

外出時、雨が降っているのに傘をささない先輩がいる。欧米人か！傘持っているのに使えないで困るので、出る時間をずらす。

147

合宿のときサポーターを**わざと1セットしか持ってこない先輩**おる

大抵の先輩は、洗濯が乾かないことを想定して、2セット程持ってきてくれるのだが、意地悪な先輩は1セットしか持ってこない。そのためその先輩のサポーターは何がなんでも乾かさないといけない。ほんと、嫌になっちゃうわ！

148

3年生は神的存在。

必要最低限のことしか話しかけてはいけない

ただほんの数年早く生まれてきただけなのに、3年生は神様扱い。後輩から雑談など一切してはいけない。喋りかけるときのセリフのマニュアルもあるほどだ(「○○先輩すみません」と冒頭につけるなど)。そのくせ3年生からは一発芸しろなど、無茶な要望もしばしば。

149

少しでも先輩の姿が目に入ると、

どんな距離であっても挨拶をしないといけない

というルールがある

だから教室をあまり出たくないし、気づかないふりをよくする。

150

先輩より早く食べ終わらないといけない

合宿で1年生は絶対おかわりしないといけないなどのルールがあるにも関わらず、先輩よりも早く食べ終わらなければいけないという理不尽極まりないルールがある。そのおかげで大人になった今でも早食いの癖は直らない。

逃げられない共同生活のあれこれ

寮生活あるある

151

朝起きてすぐトイレ行くと混むから

3年生しかダメ

朝起きてすぐにトイレに行かなかったことなどなかったので、最初は信じられなかったが、1カ月も過ごすとすぐ慣れた。ちなみに私の母校は、朝起きてすぐ寮の隣にある神社に行くという日課(当時)があり、トイレに行きたい気持ちをグッと堪えてお参りに行っていた。私語禁止。その時間は挨拶も禁止なので、ほんとに静かだった。

152

寮では1台しかない公衆電話。

3年生から使うので消灯時間きちゃう

基本的には、食事、お風呂が終わったら早い者順で使えるのだが、3年生にはそのルールは適用されない。どうしても電話がしたいときは、自主練をしたい気持ちを抑え、練習後すぐに寮に帰り、食事とお風呂を超特急で済ます。これも全て電話のため。

153

暑すぎて寝られないとき、みんながアイシングを氷枕にするから

冷凍庫から氷がなくなる

各部屋に扇風機が1台ずつ。もちろんその扇風機は先輩のほうにしか向いていないため、1年生は灼熱の夜を過ごす。氷嚢機も寮に1台しかないため、すぐなくなるし、夏は毎年地獄だった。夜中に新しい氷ができていると信じて、氷を取りに行ったときに先輩と鉢合うと最悪。

154

先輩にいいよと言われないとお風呂から出れない

お風呂を上がるとき、先輩がいたら「お先失礼します」と言って、返事をもらえないと出てはいけなかった。意地悪な先輩は聞こえてないふりをして無視してくる。もっと意地悪な先輩は「一発芸したらいいよ」と言ってきたり……。お風呂を出るにもひと苦労。

155

寮で最後まで**誰のかわからない靴下**がある

片足だけ残っている。ほんまに誰のなん？気付けば無くなっていることも。真相はいまだに暴かれていない。

156

1年生は**寮のご飯で釜が空になるまで**絶対に食べないといけない

寮では毎日大量のご飯が用意されている。従って毎回余るのだが、残してはいけない。毎日食トレ。おかず1：米9の割合で食べていた。

157

朝食のパンにジャムを塗っていいのは**3年生だけ**

白ごはんにふりかけをかけていいのも3年生だけ……。

158

消灯時間は23時で、1分でも過ぎると

次の日の朝練で死ぬほど走らされる

だいたいコーチが寮の外で、部屋の明かりが消えるのを見張っている。次の日、朝練で先生が来た瞬間、部屋番号を叫ばれ、該当したものは永遠に走らされる。ちなみに母校は消灯時間に関しては日本一と言っていいほど厳しかった。

159

寮から脱走する奴

毎年必ずおる

私もその一人である。深くは聞くな。

160

寮に入った新入生には

「牢獄へようこそ」を必ず言う

入部してすぐに先輩が言うセリフ。1年生の頃、最初はあまり意味はわかっていなかったが、3日も過ごすと理解できるようになる。入学したら3年間は出られない地獄の始まりだ。先輩を真似して、新入生には毎年言うようになる。よくない伝統だった。

ちょっとついていけません……

#謎ルール

161

コーチがブチギレたときに**突然言ってくるルールほど**謎なものはない

例えば【ユニフォームを着ていないメンバーはレギュラーの前でご飯を食べてはいけない】とか。食事する姿を見せないくらい必死にサポートすることが大切らしい。「それくらいの気持ちで」と言う意味合いが強かったらしいが、馬鹿正直な部員ばかりなので、半年くらいみんなコソコソ昼食を食べていた。

162

シンプルに**男子と喋っちゃダメ**

「そんなことをしにこの高校に入ったわけではないだろ」という理由らしい。どんなことやねん。

163

携帯、コンビニは禁止。お菓子もダメ。

楽しみは全て禁止だった。暇なときは昼寝か漫画か。帰省のタイミングで、溜まっているメールを返したり、お菓子をバカ食いしたり。みんな寮に戻ってきたら毎回ちょっと顔が丸いのもあるある。

164

髪は**刈り上げないといけない**

女バレの定番ヘア（当時）。帰省のたびに、刈り上げ3センチ以上にして寮に戻ってこなければならなかった。ちょっと色気付いてる奴は、頭の形がどうこうなどの意味不明な理由をつけて2センチぐらいしか刈り上げない奴もいた。先輩に定規で測られる。

165

「ありがとうございます」と言ってはいけない。代わりに**「すみません」と言う**

意味は不明。多分常にヘコヘコしろという意味なのだと思う。他に「先輩」といってはいけないとか（先輩のことは「上の方」と呼ぶ）、理由は教えてくれないが、常に下からいく的なニュアンスだと思う。知らんけど。

166

ワイヤー付きのブラは**付けてはいけない**

練習中に体に刺さるといけないからという理由。刺さった話は聞いたことないが言われなくてもスポブラ付けます。ちなみに色も真っ白でないといけない。正直結構見つけるのが難しい。

167

監督でもなく先輩でもなく、**体育館に挨拶をする**

体育館に入るときと出るときは毎回挨拶をする。練習させてもらえている環境に感謝するのだ。

168

夏休みの宿題、**バレー部独自の締切**に間に合っていないと試合に出してもらえない

期限までにやりゃいいのに毎度締め切りを過ぎてしまうアホ部員が存在する。個人で責任を取るならいいが、たまに連帯責任で全員で走らされるときはたまったもんじゃない。

169

遠征のとき、助手席の人は寝てはいけない

朝早い移動や、練習試合後の帰り道は地獄である。皮膚をつねったり、シーブリーズを目の周りに塗ったりするが全く効果はない。

170

バスに乗るとき「します、せした」と言って乗らないといけない

「お願いします遅れてすみませんでした」の略。略し過ぎてるし、誰も待たせていなくても使う謎のセリフである。

171

ユニフォームを床に直においてはいけない

聖なるものなので雑に扱ってはいけない。落としただけでバチが当たるんじゃないかと思う。敷くものがないときは、自分のジャージを下に敷く(それも謎)。

172

試合会場で他のチームと話してはいけない

気が緩むから。そして戦術がバレるから会話は禁止だ。このルールを知らない友達に話しかけられたとき、フル無視をしないといけないのでかなり印象が悪い。仲のいい友達とはアイコンタクトで会話する。それも先輩に見つかると怒られるので、かなり注意が必要。というか、戦術バラすわけないやろ！

細かすぎて伝わらない

#サポーターあるある

173

練習着とかサポーターで**その日の調子が決まる気がする**

レシーブ練習で「はめられた（＝しごかれた）」日のTシャツは「はめT」とか言ったりする。

174

サポーターのにおいを嗅いで洗濯するか決める

臭くなかったら洗濯せずに明日も使います。

175

対人パスが始まるときに**サポーターを付け出す**

準備運動とパスまでは、サポーターは使わないが、対人パスになると、膝をつく可能性が出てくるので、このタイミングで一斉にサポーターを付け出す。

176

練習後、**サポーターを外したときの開放感**が好きすぎる

締め付けられて、汗まみれのサポーター。外すときの開放感といえばもう言うまでもない。

177

家からすでにサポーターを膝に付けたまま練習にくるジュニアバレーボーラー

動きづらいし暑いのに……。小学生は家からすでにサポーターを付けている。ちなみに練習終わりも付けたまま帰る子もいる。

178

膝サポーターを付け忘れたとき、シューズの上から無理矢理付ける

なぜかたまにサポーターを付け忘れる。シューズを履いた瞬間に気づくのだが、ぎゅうぎゅうに靴紐をくくっているため、解く選択肢はなく、サポーターを引き伸ばして無理矢理付ける。伸びが心配。

179

練習着にポケットがないのでゴミはサポーターにとりあえず挟む

サポーターや靴に入れる選手もいる。入れた瞬間に入れたことを忘れているので脱ぐときに気づく。

180

サポーター忘れたときの絶望感半端ない

カバンを開けた瞬間に冷や汗。サポーターがないと本気でバレーなんてできない。2つ持ってきている子を必死で探す。

バレー部出身者だけでなくバスケ部出身者にも通じる

背高い人あるある

181

高身長の選手とのハイタッチに届かない

低身長の選手

特に試合開始前に、スタメンが1人ずつ呼ばれてハイタッチをするシーンがあるのだが、そのときに、わざと届かないところに手を伸ばされてハイタッチ届かないってノリになる。キッズエスコートでもよく見る風景。

182

満員電車で**新鮮な空気が吸えて**ラッキー

車両で1人だけ顔が飛び抜けているため、新鮮な空気が吸える。暇なときは高身長を探して、この人よりは低い？　など勝手に想像している。女性で飛び抜けている人はなかなかいないので改めて自分の身長の高さを実感する。

183

座って話してるときは普通だけど、立った瞬間に**「あ、この人身長高かったんだ」**と気づく

高身長が多いバレー部ならではなのか。高身長なことはわかっているのだが、なぜかたまに忘れているときがある。

184

コートの中では身長欲しいけど、**他では そんなにいらない**と思いがち

コートの中ではかなり有利だし、もっと身長が伸びて欲しいと思うが、それ以外ではかなり目立つし、高さは必要ないので、バレーのときだけ身長が伸びて欲しいと思う。特に私は陰気な性格なので、普段の生活では極力目立ちたくない。そのため、陰キャのバレーボーラーは猫背の人も多い。

185

空いているドアを通るとき **アタックしちゃう**

届くと分かる場所はつい叩いてしまう。無意識なので誰かに指摘されないと気づかない。

186

「デカい」じゃなくて **「高い」と言って欲しい**

「デカい」ってなんか可愛げもないし、デブみたいなニュアンスにも感じるし、邪魔者みたいな気持ちになるしやめてほしい！「高い」と「デカい」じゃ全然意味が違うから気をつけてね！　とは言うものの、自分より身長高い人を見たら私も「デカッ！」と言ってしまう（笑）。

187

身長分けてって 言われるの困る （何回も言われる）

まず分けれるわけないので言わないでほしい。分けれるものなら分けてあげたいよ。言われるたびに返しに困る。

188

「また身長伸びた!?」と聞かれがち

会うたびにこのセリフを言ってくる人がいる。久しぶりに会うと高さが際立つようだ。しかし、学生のときは確かに伸びていることもあったが、大人になってからはほぼ伸びてない。

189

ヒールを履くと**巨人になるから**履きづらい

元からデカいので、それ以上デカくなってどうすんねん。しかし、たまに高身長でヒールを履きこなしているモデルみたいな人を見るとめちゃくちゃかっこよく見えて、1回やってみたりするが自分がやったらただデカいだけになり、継続はない。

190

トイレなどの鏡に**顔が映らない**

胸しか映らない。毎回前屈みになって鏡を覗く。いい加減縦長く設計してくれ！

191

「俺より背の高い女無理」と言われる

お前が小さいだけやろ！　大抵こういうことを言う男性は器も小さい。クソみたいなプライドは捨てろ！　というかこっちから願い下げです！

192 インカメで写真撮るとき、**腕長いだろという理由**でカメラ任されがち

確かに低いところから撮るより高いところからのほうが盛れるが、みんな揃って後ろに写ろうとするのやめてほしい。お陰様で自撮りはかなり上手くなった。

193 着れる服が少ないが、**なんでもそれなりにカッコよく着こなせると思う**

毎回幅はいいのに丈が短い問題に直面する。しかし高さというポテンシャルでどんな服でも基本的にサマになる。試着後に、店員さんから、「モデルさんみたいですね」と言われるとうれしかったりする。

194 **少女漫画の小さい可愛い女の子**に憧れる

黒板消し届かなくてぴょんぴょんとかしてみたい。

その実態が明らかに！

#男バレあるある

195

いつも下校時間ギリギリだから、
隣の子の練習着まで
自分のカバンに入れて持ち帰りがち

練習はいつも下校時間ギリギリまで。慌てて帰りの支度をすることになり、間違ってチームメイトの練習着をカバンに入れてしまう。臭いが違うので気がつくことが多いが、そのまま借りパクしてしまうケースも。

196

「ギャラる」という
男子特有の造語がある

ギャラるとは、スパイクでボールをギャラリーにあげるという意味。「俺は〇〇の体育館（広い市営の体育館など）でギャラったことある」とマウントとりがち。たまにズルして、めちゃくちゃネットタッチをしてでもギャラる人も。

197

女バレと付き合うなら
リベロ選べと教わる

身長が高いアタッカーより、低いリベロのほうが可愛く見えがち。171センチあるさとゆりじゃだめですか？

198

着ていないユニフォームの入った袋に 脱いだユニフォームを入れてしまう

男子はうっかりやりがち。脱いだユニフォームの汗がついてしまって気持ち悪い。洗濯物を増やしてしまって申し訳なくなる。

199

女子がきたら フライングしがち

普段は簡単に諦めるボールも、女子が見ているだけであら不思議、かっこよくフライングして取りがち。できないのに無理してフライングして怪我をする部員も。

200

筋トレにハマりすぎて、謎にムキムキな奴がいる

ただし、ムキムキになったからといって必ずしも上手くなるわけではない。ムキムキになりすぎてレシーブで腕が組めなくなった人もいるらしい。

201

自主練で 上裸になりがち

これぞ青春の1ページ。上裸になると汗がズボンに垂れてきて、Tシャツのありがたみを感じる。もちろん冬はやらない。

これがあるあるの人は、バレーに洗脳されてる!?

＃番外編

202

捻挫で休んでる奴を見ると「所詮捻挫だろ」と思う

バレーボーラーに捻挫はつきもの。テーピングガチガチにして練習することが多い。そんな中休んでいる奴を見ると腹立たしい。靭帯やっちゃってる人は休んでください。

203

部活に1人はいる警察犬みたいな部員

一緒にいる時間が長いので、チームメイトの柔軟剤の匂いを把握している選手がいる。誰のものかわからなくても、その子に頼めば100発100中で当たる。

204

他校の人とネット畳むときタイミングむずい

チームによって掛け声や畳み方が違うので、気まずい時間が流れる。でも、これをきっかけに仲良くなれたりもする。

205

トーナメント表見るだけで **1時間くらいいける**（春高あるある）

「1試合目から決勝レベルやん！」「ここイージーゾーンやな」「え！今年○○高校出てないん!?」など1人でも十分楽しめる。バレー友だちとなら、思い出話に火がつく。

206

合宿のときに使っていた目覚ましのアラーム音が**何十年もたった今でも恐怖**

大人になってもあの音を聞くと当時のことがすべて思い出される。よくも悪くも一瞬で目が覚める。

207

わざと**有名選手の前を通る**

大きな大会だと話題になっている選手が普通に近くにいるので、わざと近くを通って生で確認してみる。

208

引退しても春高の時期になると**今だに緊張する**

毎年決まった時期に試合があるため、身体が覚えている。春高予選が始まる10月になると日程を調べ出したり、試合当日は仕事中でもソワソワする。速報を常にチェックしがち。特に春高本戦は年明けすぐにあるので、ゆっくり年末年始を過ごしていると罪悪感が芽生えてくる。

209

バレーパンツの長さに慣れすぎて、
普通のハーフパンツを折り曲げて

バレーパンツくらい短くする

ハーフパンツも十分短いのだが、バレーパンツに慣れすぎてしまい、邪魔に感じてしまう。短いパンツを履くことへの抵抗がない。でもミニスカを履くことに対しては大きな抵抗がある。

210

試合会場が開き次第、

ダッシュで横断幕を張りに行く

なぜなら場所がなくなるから。毎回必死である。バレないようにちょっとだけ他のチームの横断幕をずらしてみたり。今では、試合のチームのみが張るなど、この問題に配慮した取り組みが進んでいる。

211

「最近めっちゃ髪伸びてんけど」と言う、

ベリーショートの部員

本人にとってはかなり伸びてる感覚らしい。

212

全国大会連続出場記録が途切れると、

私たちの代じゃなくてよかった

と心の底から安心する

これ以上のプレッシャーは今後の人生で味わうことはないと思うくらいの重圧だ。自分たちの代で途切れさせてしまうと歴代の先輩からどんな仕打ちを受けるか、想像しただけで息が詰まる。

213 家のキッチンの高さが**低く感じる**

微妙に低く、料理がしにくい。そしてコンロ上の換気扇に頭をぶつけがちである。将来家を建てたら、高身長向けの設計にすることを決めている。

214 中学時代の1日練習の昼休みは長くて1時間くらいだが、高校になると、**当たり前に2時間くらい昼休みがある衝撃**

「そんなに休みいらんやろ、早く始めてその分早く終わりたい」と思うが、慣れてくると2時間でも短く感じる。昼寝をして、体力を温存する時間にしたいのだが、コーチが早めにきたときは自主練せざるを得ない。

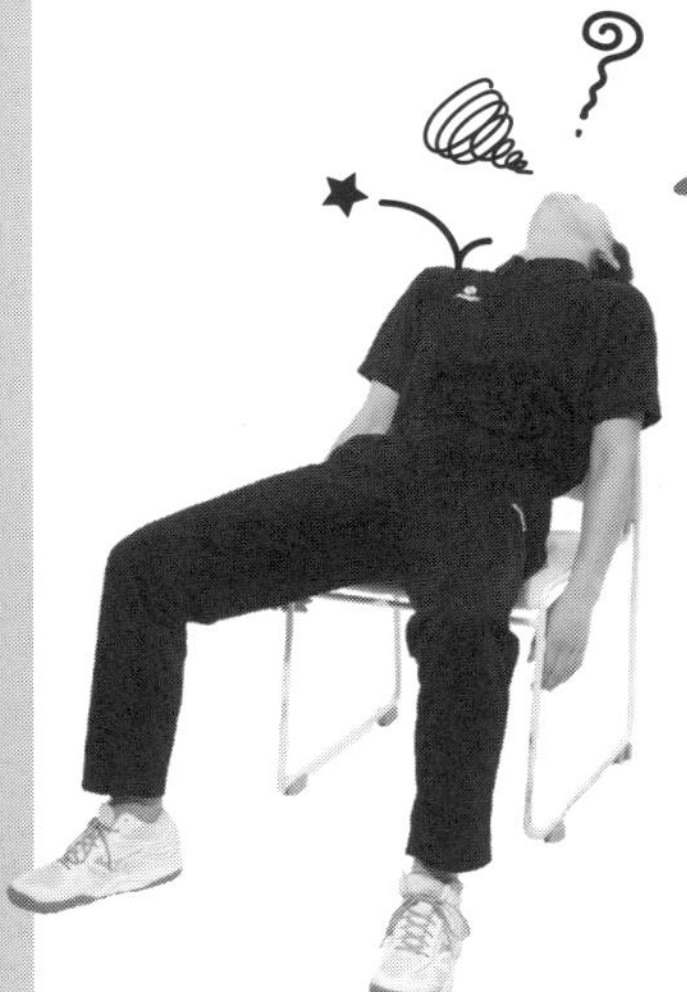

215 試合後に書くキャプテンサイン、**手が震えてきれいに書けない**

試合後はキャプテンが紙にサインを書かなければならない。激しく動いた後は、手が震えていることが多く、ペンを持って字を書く繊細な動きがかなり難しく、毎回ミミズみたいな字になってしまう。また、夏場は汗で紙をベトベトに濡らしてしまう。

216

キャプテン同士で付き合いがち

やっぱりキャプテンってかっこいいし頼り甲斐がある。しかも美男美女が多い。恋愛まで完璧にこなすなんて嫉妬しちゃうなぁ。なんであんなベリーショートやのにかわいいねん！

217

合コンの席替えのとき**ローテーション**って言う

笑いを取りたいわけではなく、自然と言ってしまう。寮で学んできたから、サラダを取り分けたりなど、結構気の利くバレー部員は多い。リベロは守備範囲が広いから恋愛のストレートゾーンも広いなんていうことはない。

218

自分の彼氏がバレー部で、下手くそだったら**ちょっと蛙化**しそうになる

違う競技なら、上手い下手あまり分からないが、バレーに関しては自分も目が肥えているため、一瞬で見分けがつく。下手な人の独特のダサい動きを見ると胸が痛む。

コラム❷ バレー強豪校の寮生活という地獄

驚愕すぎる寮での部則（ルール）

中学でエースとして活躍していた私は、バレー強豪校に進学した。ここは自宅が遠い生徒のための寄宿舎があり、部員全員が寮に入る。当時は春高バレーが３月開催だったため、新１年生は入学前の春高から部活に参加するのが恒例だ。同級生ともそこで初めて顔合わせ。強豪校なので各中学のエース級が集まってくる。かなり緊張した。東京のホテルで練習終わりの先輩と合流。ものすごくお姉さんに見えた。初対面の先輩はみんな優しかった。「あ、やっていけそう」と、そのときは思った。

無事春高は終わり、そのまま家に帰ることなく合宿が始まった。試合で負けたチームから、恒例の合宿場所に移動してすぐ練習が始まるのが強豪校あるあるだ。

試合も終わってひと段落ということもあり、ここから徐々に1年生の仕事を教わるようになる。まず始めにしたのが、寮でのルールと1年生の仕事が書かれたメモ書きを写す作業だ。ルーズリーフ3枚にギチギチに書かれていた。

正直かなりの量でびっくりしたが、これが強豪校でバレーをするということなんだと思い、少しワクワクもした。初めてのことばかりで大変だったが、先輩は気に掛けてくれるし、不慣れながらも10日程の合宿は無事終わった。

そこから1年生は一旦家に帰り、4月の入学式に備えた。入学式と同時に、本格的な寮生活が始まった。寮では先輩と2人部屋。

合宿のときにお世話してくれた先輩だったので安心していた。

寮生活での1年生の過酷な仕事量

しかしそれも束の間。入学したら態度は一変。かなり厳しくなった。ほぼ毎晩1、2年生のミーティングがあった。まず始めにブチギレられたのは「入学前の合宿での態度」。「1年生合宿でうるさすぎやったで。最初に教えたやん。先輩の前では基本喋ったらあかんから。あと3年生の方と馴れ馴れしく話しすぎ」と、過ぎたことを延々と怒られた。

そんなこんなで地獄の寮生活がスタートした。洗濯やご飯の当番は学年関係なく1日交代で回すことになっているのだが、そこにも細かいルールがあった。試合の前日、試合期間中、合宿期間中、試合、合宿から帰ってきた日は1年生が洗濯をする。学年関係なく仕事を割り振られているように見せて、ふたを開けたらほぼ1年ばかりが働くようにできていた。

寮のご飯も私の口には合わなかった。好き嫌いの多かった私は食事の時間も憂鬱だった。量も多く、残飯処理は1年生の仕事なので、イヤイヤ食べていた。お陰で高校に入って5キロ以上太った。

お風呂の時間も戦いだ。寮には小さな大浴場が1つある。浴槽いっぱいにお湯を溜めて、部員は浴槽からオケで湯をすくい体を洗う。そこまでは理解できるのだが、ここでまた謎ルール「浴槽にお湯を注ぎ足してはいけない」。3年生は比較的早めにお風呂に入るのでお湯があるが、寮の仕事を終えた1年生が入る頃にはほぼ湯がない。薄っすらはってある湯を懸命にすくい上げ、残りの湯の量を計算しながら体を洗うことになる。

本当に大変なことばかりだったが、練習環境はとても充実していた。なんせバレー部専用体育館があるので、24時間使えるのだ。

毎日基本４時間練習。かなりハードな練習内容だったが、仲間がいるから乗り越えられた。試合前は朝練の前の自主的朝練（通称：モーニングバトル）を積極的に行なった。練習の成果もあり、高校２年生のときに春高バレーで準優勝の成績を残した。初めてのメダルはずっしり重かった。

地獄の日々で得たものとは……

時が経ち気づけば3年生になった。責任は増えるが、寮での生活は楽だった。何より一番うれしかったのが、朝食のパンにジャムが塗れることだ。これは3年生の特権。ふんだんに塗りたくった。

当時は地獄と感じていたが、今振り返るといい経験だったと思える。確かなことは、寮生活をしていたから、春高で準優勝することができたことだ。当時は春高ベスト8を目指していた。そのために意識していたことの一つで寮での過ごし方があった。

「ゴミを拾う」「ドアを閉めるとき、椅子を引くとき、食器を重ねるとき、音を立てない」「トイレのスリッパを並べる」「時間を守る」……など、自分たちで決めたルールを徹底した。

落ちているゴミに「気づく」と言うことが、試合中、相手が仕掛けてくる攻撃に「気づく」ことに繋がる。ドアを閉めるとき、「最後一瞬意識」してゆっくり閉めることが、レシーブの「最後一瞬意識」して手首を返してセッターにボールを返すことに繋がる。実家で親に甘えて過ごすのではなく、寮の中でみんなが見ている状態で生活できたことは間違いなく勝利に繋がった。

監獄のような3年間だったが、かけがえのない日々だった。お陰様で、社会に出てからちょっとやそっとのことで挫けることはない。あのときの経験が今の自分を助けてくれることがたくさんあり、とても感謝している。もう一度戻りたいとは思わないけど……。

Part 3

Vリーグ（五輪）
#バレーあるある

近年、男女ともに大活躍のバレーボール日本代表。ビジュの強い選手も多く大人気！　パリ五輪もたくさんのドラマが生まれました。そんな大舞台からあるあるを発掘！

219

実況の人「夫婦で」「兄弟で」と言いたすぎ

「夫婦で○○」「兄弟で○○」というのは、話題性があってすごくいいが、当の本人たちは比較されて嫌な思いをしてないのか心配になる。兄弟で五輪に出るような子どもを生んだ親がどんな人なのかも気になってくる。

220

平均身長10センチくらい負けてても勝つ日本代表が誇らしい

高さで勝る相手をスピードで翻弄し、緻密なプレーで戦っている姿はまさに日本人の誇り。リベロ級のレシーブ力を兼ね備えている選手もずらり。バレーは高さだけじゃないという勇気をもらえる。

221

ベンチでバナナ食べがち

エネルギー補給と言ったらやっぱりバナナ。イケメン選手がバナナを頬張る姿は、かっこよくもあり、可愛らしくもある。ただし、学生諸君が真似すると、きっと怒られるからやめとこう。

222

試合開始前に
コート内でブロック飛んだとき
出過ぎてビビる

顔どころか胸まで出ているブロックを見て、本当に同じ人間なのかと疑問に思う。試合中、顔面ブロックのシーンもたまに見るが、とても痛そうである。女子ではあり得ない(おそらく)。

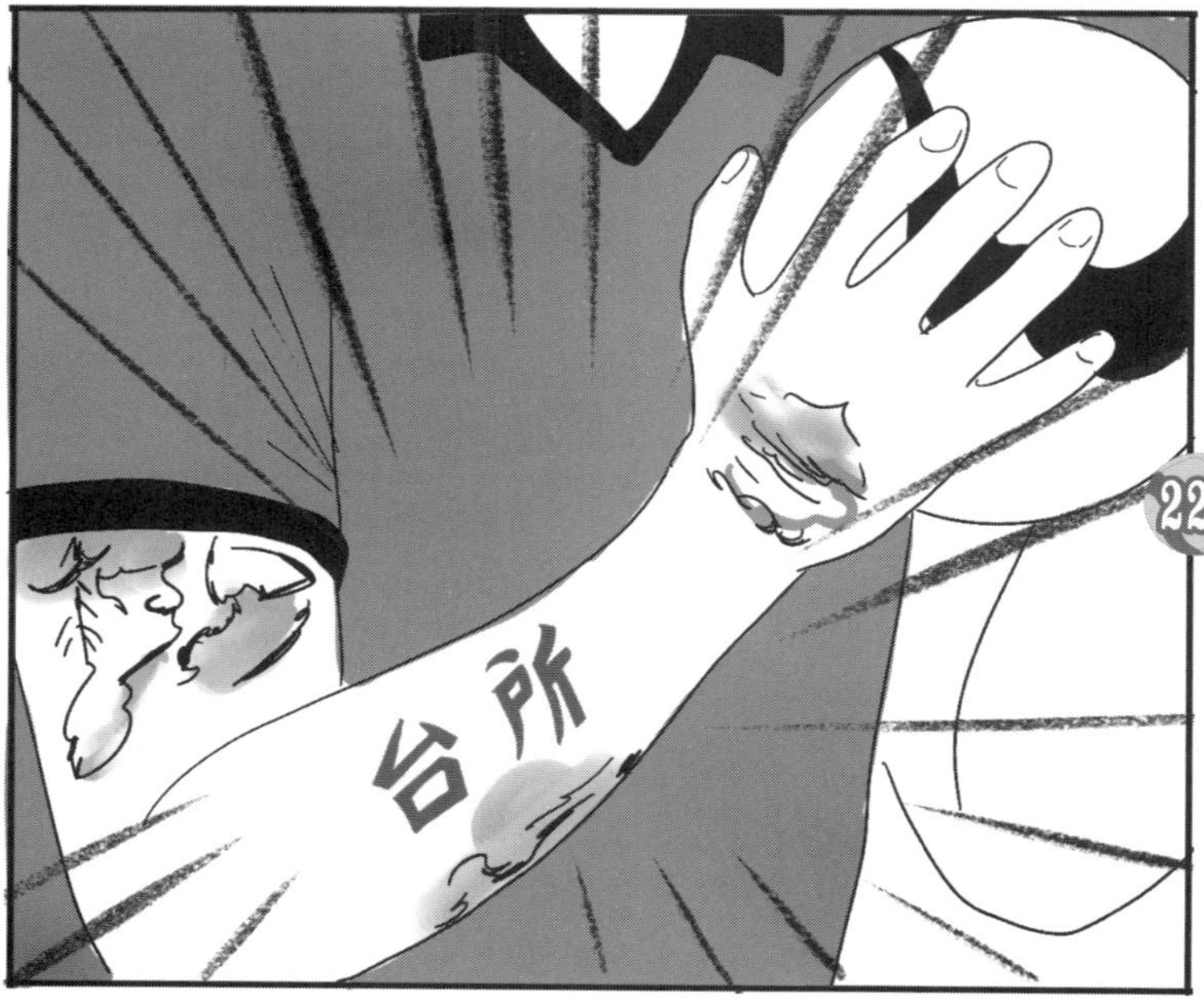

223

独特なタトゥーをした外国人選手おる

外国人は言葉の意味より漢字のかっこよさで選んでいるらしい。日本人から見たら意味のわからない言葉が刻まれているときは、プレーよりそっちのほうが気になる。

224

セッターがブロックポイントを取るとこの上なく盛り上がる

セッターは基本的に身長が低く、なかなかブロックポイントが取りづらい。期待してないわけではないが、セッターがブロックを止めた際は、この上なく盛り上がる。トスだけではなく、ブロックにも注目してみよう!

225

日本代表の石川祐希選手のコイントスが弱すぎる

サーブ、スパイク、レシーブ、すべてが完璧な男子のキャプテン石川選手だが、コイントスだけはめっぽう弱い。なぜか少しだけ安心する……。

226

公式練習前、サッカー（鳥かご）でアップしがち（しかも上手い）

さとゆりが学生の頃はボールを蹴っていたらものすごく怒られていたが、今ではバレーボールでサッカーをしてアップをするらしい。しかもめちゃくちゃ上手く、たまに試合中に脚を使うプレーも見られ、アップの効果が発揮されている。

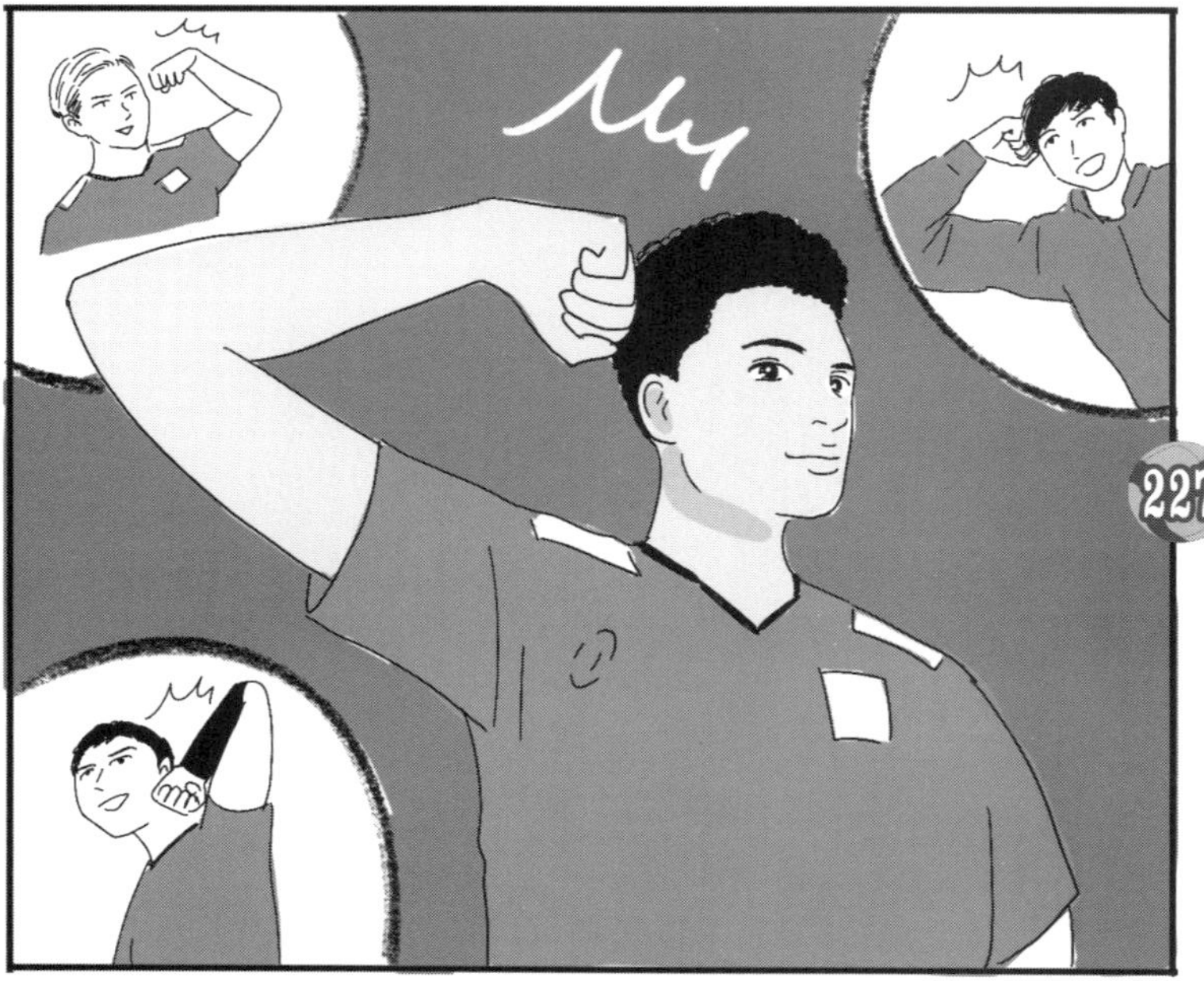

227

男子選手の喜び方
エバデダン・ラリー選手のマネしがち

得点を決めた後、右腕を曲げ喜ぶ、通称「ラリーポーズ」。エバデダン・ラリー選手が始めたポーズだが、日本代表男子の選手のみならず、フランスやイタリアの選手の中にもラリーポーズが見られた。これは世界中で流行るかも!?

228

観客も含め
試合会場の平均身長が高い

バレーを見にくる人は、経験者が多いので、必然的に平均身長も高くなる。普段は高身長に見られるさとゆり（171センチ）もバレー会場では目立たなくなる。

229

ジャンプサーブ打つ選手上のワイヤーカメラ気にしがち

国際大会ともなると、コートの上空にワイヤーカメラがある。迫力のあるリプレイ映像が見られるのもこのおかげ。しかし、サーバーにとっては視界に入り、気が散ってしまう。もしかしたら一番の敵はワイヤーカメラかもしれない。

230

新しい専門用語が増えすぎて昭和のバレーボーラーはついていけない

プレーが進化していくとともに、用語も進化していく。テレビで解説者が専門用語を使うが、昭和世代はついていくのに必死である。ちなみにルールもコロコロ変わっていく。

231

男子バレーのお揃いの黄色い靴が目立ちすぎて、
アヒルみたいだと言われている

パリ五輪では日本代表男子選手全員が黄色いシューズを履いていた。その色合いはまるで可愛いアヒル。響きは可愛いが、プレーはハゲタカのように力強かった。

232

タイムアウト中に飲んでいる
黄色い飲み物がなんなのか気になる

ドイツの青い飲み物も気になる。

233

女子バレー「荒木」って人は
大きく育つのかな
と思いがち

パリ五輪に出場した荒木彩花選手と、北京・ロンドン・東京五輪に出場した荒木絵里香選手はどちらも180センチ越えのミドルブロッカーなので、きっと荒木という苗字は大きく育つのだろう。

234

コート上から回転するようなカメラワーク、
カッコよくは見えるけど**試合が見にくいので苦手**

プレーを立体的に見せるために、たまにコートを回転するように映すことがあるが、バレー経験者にとっては苦手なカメラワークだ（360度、あらゆる角度からプレーを振り返ることができるカメラワークは圧巻ではあるが）。

235

五輪のモニュメントの前で座って写真を撮ると**身長バレがち**

パリ五輪で男子選手が座って撮った写真をアップしていたが、身長が低いセッターの関田選手だけ、足が宙ぶらりんになっていた。

236

知人が活躍している姿を見ると、**その期間だけ飲酒をやめてみたりする**

知っている選手が頑張っている姿を見ると、自分も頑張らないとと思い、その期間だけでも何かをやめたりする。

237

男子バレーのジャンプサーブのミスが続くと**「ミスるくらいなら安全サーブ打てばいいのに」**とか言う

男子バレーは攻めのジャンプサーブがつきものだが、ミスも多い。数本ミスが続くこともある。経験者からしたら、攻めてるから仕方がない、ここで守りに入ってもダメ、と思えるのだが、初心者からすると、ミスはダメなものと思ってしまうため、チャンスサーブでも入れときゃいいのに～と思いがち。

238

2メートル越えの選手と写真を撮ってもらったときの**背の高さにビビる**

2メートル越えの選手を普段見ることがないので、試合会場で間近で見ると、自分との差に驚く。写真を撮らせてもらって見返すと、より一層その差があらわになる。2メートル超えがゴロゴロいるせいで、コートの中で小さく見える選手が当たり前に自分よりも背が高くて、不思議な感覚になりがち。

239

試合の観戦方法まで指示出してくる監督おる

ボールを追いかけて、試合を楽しむのではなく、自分と同じポジションの選手の動きを見るように言われる。が、しかし、時間が経つにつれ、ボールばかり追いかけてしまいがち。

240

試合を見過ぎて**サーブのルーティーン**を覚えてしまう

サーブを打つ前に各選手、それぞれルーティーンがある。憧れの選手のルーティーンを真似して、練習で試すのは誰しも経験してきたのではないだろうか。

241

「日本代表」を「全日本」と言うと、その人の世代がわかってしまう

お母さん世代は「全日本」と言う。今時は「日本代表」。

コラム③

強豪校出身バレーボーラーが社会に出て困ること

卒業してから気づくこと

学生時代、強豪校で過ごしていた分、社会に出てからも簡単なことでは挫けないし、それなりに気が利く人間になれた（と思う）。体育会系で背が高い女性というだけで勝手に信頼されるし、5分前行動は当たり前にできる。

それなりに順調に仕事もこなせた私だったが、強豪校出身の後遺症というのも存在した。

まず学生時代は、すれ違う人全員に挨拶しろと教わった。それは全然良いのだが、１回席を立って、また戻って来た人にも、会うたびに挨拶する癖がついており、同じおばちゃんに何回も挨拶していた。ある日そのおばちゃんが「さっき挨拶したけどね（笑）」と苦笑いで言ってきた。そのとき気づいた。私は挨拶をし過ぎている。悪いことではないんだろうけど、常識とは少しズレた量でしている。学生時代は、「挨拶は何回でもしろ！」と教わってきたが、社会に出てからは非常識なことがあることを知った。

気合いと根性で解決しがち……

他にも、「ありがとうございます」を言ってはいけない代わりに「すみません」と言うルール。よくよく考えたら謎なルールだが、思春期にそれを埋め込まれているので、もう当たり前になっていて、「ありがとう」を言ったことがほぼなかった。社会に出てからも「すみません」ばかりを使っていたら、先輩に「すみませんじゃないやろ、ありがとうございますやろ」と言われ「確かに……」となった。

基本的になんでも気合いと根性で乗り越えようとするから、頼まれたことは「なんでもやります！」と言ってしまう。監督、先輩の言うことは絶対だったので、「NO」を言うことがほぼない。あと先考えずに返事をするため、後々後悔することが多い。「今夜は徹夜か、まぁ次の日バレーの練習をするわけではないし、体力的にはいけるか」と言う考えに至る。しかし、年齢を重ねるにつれてそれができなくなってくる。

一度身についた習慣は変えられない？

ここまではまだ自分が直せば良い話だが、今、現在進行形で私が困っていることは、気づき過ぎてしまうことだ。「ゴミが落ちていたら拾う」「椅子を引くときは音を立てない」「スリッパは並べる」など叩き込まれた習慣はなかなか抜けず、今だに続けているのだが、それを他人がしないことに大きな苛立ちを感じてしまう。自分も完璧な人間ではないし、他人にとやかく言える立場ではないのだが、「スリッパ並べるなんて基本中の基本だろ！」と揃っていないスリッパを見るたびにイライラする。

現役の部活生を見たときも「ポールカバー逆やん！」とか、「荷物ぐちゃぐちゃに置くなよ！」など意識してなくても気づいてしまうことがたくさんあり、その度に「うちらのときはな……」と話したくなるのだが、典型的なうざい人にはなりたくないので、そこはぐっと堪える。

社会に出てからは、バレーをしてきて良かったと思えることがほとんどだが、自分にとっての当たり前が通用しないこともあることを知った。できれば学生のときに教えておいてほしい。

さとゆりのバレー人生アルバム

小2〜
バレーデビュー

弱小チームで遊び感覚でやっていたゴムバレー時代。小学4年生くらい。最下位の3位だけどチーム数が少なく賞状がもらえた。

小5〜
スカウトでガチチームへ

本人

試合終わりの写真。小5の入部したて。背が高いだけで下手くそだった。笑うのも下手くそ。まだ「継続は力なり」の意味を知らない。

6年生。新ユニフォームをゲットしたので家で記念撮影。この頃にはかなり上達しており、チームでエースを務めていた。家の中だけはおちゃらけキャラだった。

中学生
バレー部時代

おじいちゃんと私（中3）。ガリガリの高身長のベリーショートでよく男の子に間違えられていた。部活はキャプテンでエースだけど、バレー以外ではかなり大人しい性格だった。

本人

中3。JOCに選抜され、レフトエースだった。ここで着ていたユニフォームが今の衣装になっている。

高校生

高校で強豪校へ

春高準優勝したとき。リベロで出場した。初めてのセンターコートは今でも忘れられない。背番号９番がさとゆり。

ジャンプフローターサーブを打つさとゆり。首に光る水晶のネックレスはレギュラーだけが付けられる特別なものだった。

大学生

大学もバレー

大学のリーグ戦。中京大学との試合。アウトサイドヒッターとしてプレー。得意技はブロックアウト。

仲良しグループでよく遊んでました。「未来のかわいい集団」というグループ名でした。

顧問

バレー部顧問に

試合前の球出しのとき。大事な一戦前のためピリピリした様子である。

楽し過ぎていまだに覚えているディズニー旅行。夜行バスでの日帰りだったが疲れなど一切なかった。

おわりに

いかがでしたでしょうか。バレー芸人という新種の人間が書き上げたあるあるの数々。

5年間コツコツと積み上げてきたあるあるが、本となって世の中に出ていくことがとてもうれしいです。

「継続は力なり」

これは私のジュニアバレー時代の横断幕の言葉です。当時は漢字も読めなかったし、意味もわかっていませんでした。保護者に渡されるから、2階席になんとなく垂らしていた横断幕。しかし、今では私の座右の銘になっています。

特別なにかに特化した能力はなかった現役時代。レシーブ、スパイク、サーブ、どれも平均点を出すことはできますが、毎回それ止まり。言わば器用貧乏です。そんな私でも春高バレーで準優勝できたこと。そして本書を出版できたこと。すべてはなにかを継続してきたからだと思います。

バレーを通してたくさん泣いたし苦しみました。練習は過酷すぎて毎回過呼吸になるし、15年間ほぼ休みはなかったです。小学生のときの八の字レシーブ、しんどかったな。中学生の頃は何回もキャプテンやめちまえと言われたな。高校の寮生活は想像を超える過酷さだったな。大学生になってまで、朝練してたな。

いろんな思い出がありますが、これも全部、今の私を作ってくれています。すべてはこの本を書くためだったかもしれません。

当時は**全人類の中で私が一番辛い思いをしていると思っていました**が、大人になり、いろんな人の話を聞くとそうでもなかったです。「なーんだ、私なんか大したことなかったんだ」と。監督の怒るセリフは全国共通みたいです（さとゆり調べ）。学生時代に知っていたら、「あ、またこのセリフ言ってるわ」って思えたりしたのかな。勝つことはそう簡単なことではなく、険しい道のりも多いですが、そんな中、少しでもこの本で笑いを届けられたら幸いです。学校の朝読書の時間に読んでる子がいたらうれしいな。

最後に本を出版するにあたり、ちょいちょい締切を守らなかったにも関わらず最後まで面倒を見てくれたスタッフの方々。また、普段ＳＮＳを見て、応援してくれている部員（ファン）のみんな、本を読んでくださった方々に心から感謝します。細かなネタの相談を24時間いつでも受け付けてくれたバレー仲間。本当にありがとう。どんないい成績よりも、心強い仲間に出会えたことが、バレーを頑張ってきて一番よかったことだと、心の底から思います。これからもたくさん無茶振りすると思うけど、上手いことレシーブしてね。

２０２４年9月　さとゆり

さとゆり

1994年生まれ、兵庫県出身。バレー歴は15年。現役時代に全日本バレーボール高等学校選手権（＝春高バレー）で準優勝の経歴を持つ。大学卒業後、保健体育講師をしながらバレーボール部の顧問も務め、指導者としてもチームを春高バレー出場に導いた。2020年に吉本興業よりお笑い芸人としてデビュー。YouTubeやTikToKを中心に、バレーボールに関する動画を投稿し活動している。

バレーボール芸人・さとゆりの
ザ！ バレーボールあるある

2024年10月7日　第1刷発行

STAFF

イラスト	菜々子
撮影	原田真理
装丁デザイン	G-Graph
本文デザイン・DTP	丸橋一岳（デザインオフィス・レドンド）
編集協力	渡辺有祐（フィグインク）
編集	馬場麻子（吉本興業）
営業	島津友彦（ワニブックス）
マネジメント	藤川聖士、三輪こころ（吉本興業）

発行人　藤原寛
編集人　新井治

発行　ヨシモトブックス
〒160-0022 東京都新宿区新宿5-18-21
TEL：03-3209-8291

発売　株式会社ワニブックス
〒150-8482　東京都渋谷区恵比寿4-4-9　えびす大黒ビル
TEL：03-5449-2711

印刷・製本　シナノ書籍印刷株式会社

Printed in Japan

ISBN978-4-8470-7493-6
C0095